JN124683

霊性進化の道

ホワイト・イーグルの霊示

グレース・クック
桑原 啓善 訳

White Eagle
“ SPIRITUAL UNFOLDMENT Ⅰ ”
The White Eagle Publishing Trust ©
New Lands, Brewells Lane, Rake
Liss, Hampshire, England

本書は一九八六年（潮文社）発行の新装版です。

本書の目的は、人は霊性進化によって、高級霊界と接触できること。生命の充足を知り得ること。これらを示す。本書は、単純にして実践的な霊性進化の道を説く。本書はあくまでも、理論でなく、実践に基礎をおいて説く。本書はまた、心霊治療の問題を明らかにする。霊癒の起こる根源を示す。それに付随した諸法を明らかにする。

訳者まえがき

グレース・クック女史は一九七九年他界した。それは長年月にわたる顕幽交通に捧げられた、尊い献身の生涯であった。女史は一九五八年刊のSUNRISEの「序」で次のように述べている。

「私には生まれつき霊視能力がありました。子供の頃から、亡くなった人達の姿が見えたり、その声が聞こえたりしました。それは自然にそういう風になるのです。ですが後年になって、自分の意志で、他界と交通する術を身に付けるよう訓練をさせられました」「この能力の故に、私は沢山の悩める人々と会う人生を、自分の運命としてしまったのです。勿論、悩みの原因には色々あるのですが、特に、親しい人との死別が原因になってることが、大変多いのです。こうして、他界の死者の声を伝えて、人を苦しみから救ってあげる私の仕事が続いたのです」「私は約五十年間もこの仕事を続けてきました。しかし、その間、私は決して一人ではなかったのです。私には敬愛する霊師がいました。その名はホワイト・イーグル、これは仮名ですが、この霊師がいつも一緒にいて、私を助け、私を指導してくれました」

ホワイト・イーグル霊はグレース・クック女史にとっては、心霊学的に言えば支配霊である。しかし、この支配霊は、単にクック女史個人を指導するための通常のものではなさそうで、いわば人類的使命を帯びてクック女史を使っている、特殊の高級霊のようなのである。女史はこのことを、次のように記している。

「ホワイト・イーグルは、白色同胞団（White Brotherhood）の一員です。ホワイト・イーグルとは聖ヨハネの仮名です。彼は古い古い時代からの、英知と真理を伝えるための一使徒です」

私は、この聖ヨハネ（イエス十二弟子の一人、ヨハネ伝の筆者と言われる。またヨハネ黙示録の筆者という説もある）の名によって、彼が幾つかの優れた霊界通信の通信霊の一人であることを思い浮かべる。ステイントン・モーゼスの『霊訓』の四十九人の通信霊の一人。また、アラン・カーデックの『霊の書』の通信霊団の一人。その名が重複しているのはヨハネだけでなく、ソクラテス、プラトンその他、幾つもある。ということは、これら主要な近代の啓示、これがある一貫した神霊界の計画の下に、幾人もの霊媒やグループを通じて伝えられているらしいということである。年代的にみると、『霊の書』が最も古く一八五〇年代、『霊訓』は一八七〇年代、『ホワイト・イーグル』は一九三〇年代から一九七九年のクック女史の死まで。なお、ここでもう一つ忘れてならない通信は『シルバー・バーチ』、これは一九二〇年代から、五年前の受信者バーバネル氏の死まで、続けられた。

さて、これらが共通の通信源から出ているのではないかと思わせる、その根拠は、聖ヨハネが前記三つの通信に関与していることである。クック女史は、この点について一つの暗示を与えている。前述の「イーグルは、白色同胞団の一員です」これです。いったい白色同胞団とは何か。女史の記述を続けてみよう。

「白色同胞団の特権は、神が人類に啓示された霊的真理である太古の英知、これを諸民族に、時代と共に伝えることです。この中に人類経験のエキスがあります。この中に、人類が霊的に身体的に、その本性を開顕していく秘鍵が隠されています。つまり、人間が自己統制をする法・原理・方法・儀式、これあればこそ、人類の諸問題が悉く解決されていく鍵、それがあります。それは従来、少数の人士に教えられ守られてきた偉大な真理、それが今、人類の手に渡されようとしているのです。

この秘義はあらゆる時代を通じて、ごく少数の人達の手で守られてきたものです。（訳者注・女史は幾つかの神秘主義団体名を記している）この仕事は、隠れた場所で心の貧しい弟子達に伝えられてきました。白色同胞団の仕事は現在も進行しており、人類の文明史上、良い面の進歩には、これからの多大の影響が及んでいたのです。

白色同胞団は、現界と霊的世界の両方に実在しています。地上界を担当する成員は、その霊示と力を、霊界の団体から受け取っています。ホワイト・イーグルの語る言葉は、この上方からの声に基づいたものです」

さて、クック女史が、そのヴェールの一端を掲げて、チラリと示してくれたこの白色同胞団であるが、どうも実在するらしいのである。従来、神秘主義団体では知られていたが、俗界では未知の存在である。かりに気付いても、単に神秘主義内部の秘事くらいにしか思わなかったわけである。しかし、どうやら人類の運命の操作にたずさわっているのは、この聖なる高級霊の団体の仕事らしいのである。

この二十世紀末、人類の文明の一大変革、ひいては人類の運命の変化が起こり始めている。今までひそかに裏面で隠れて仕事をしてきた、白色同胞団が急激な、ある程度表面に現れて仕事をする状況が発生している。十九世紀の半ば以降、次々に発生した前記の優れた霊界通信、いわゆる現代の啓示は、どうやらこの団体の一連の計画された仕事のように思われる。また同じく、十九世紀半ばに発生した心霊研究も、それと併行した同じ計画の一環のようである。

この団体の活躍は、何も今始まったことではない、釈迦・イエスを始めとする、文化・政治・経済の卓越した指導者達は、この団体の成員であるらしい。
つまり、ことほど左様に、白色同胞団が人類の運命に深く関与しているらしい。
クック女史の一文と、以下ホワイト・イーグルの霊言を読まれて、果たして
諸士は、この事をどのように受け取られるか、それは各人の自由としておきたい。

昭和六十一年七月

桑原啓善

受信者グレース・クック女史の序言

私は人生の大部分を費やして、顕幽両界のヴェールを越えるための研究、またその実践に献身してきました。他界とは、地上をとりまく目に見えない霊界、その一層すぐれた世界のことです。死後、人はこの高次の美しい世界を知ることになるのですが、ただ地上の友等との交通は出来なくなります。

本書で、ホワイト・イーグル霊は、私共が地上にありながら、他界生活の素晴らしさを体験できる、その方法を示してくれます。また、生者と死者との間に、善であり幸せである、エーテルの橋を架ける方法も教えてくれます。

ホワイト・イーグル霊は、また、霊視がすすんだ霊的体験であると教えてくれます。動物にも、人間同様に一種の霊視現象があります。しかし両者の間には、雲泥の差があります。前者は幻影を見ているのですが、人間の霊視の場合は、人間の霊性に備わる訓練ないし知の結果として、この現象が生起しているのです。ホワイト・イーグル霊はまたこう教えます。人間が他界を見る場合には、千差万別の程度の差があるということ。すなわち、単なる一瞬の幻影、感じ、色や、光から、更にまた高級霊の実際の姿、他界の優れた風景、さては高級霊界に実在する芸術学院と団体、これらに至るまで見ることが出来るというのです。

更には、それ以上の世界、筆舌につくせない世界も存在しているのです。

このような霊視をして、これを記憶の中にしっかりとめておくためには、霊性進化の道をたゆみなく追求すること、また日常の霊的生活を堅実につづけていくこと、この必要があります。この霊的生活とは、健全、清浄、調和、努力、そのようにして神に向かう生活であると、イーグル霊が教えています。実際、霊の輝きを求める地上の人間は、力の限り、神を顕現いたさねばなりません。すなわち、身も心も魂をもつくして神を崇敬し、神への愛、隣人への愛によって、世の善意と親切を増進させるようにせねばなりません。ホワイト・イーグル霊の教えの力点は、顕幽両界を貫く力の進歩とは、知識にはなく、霊性の進歩にあると、この点であります。

霊的生活への献身、また内的沈潜を通じて、真理を、永遠の生命を発見しようとする不屈の努力には、必ず酬われるものがあります。すなわち、人には意のままに内在の深い霊界に触れる霊力が備わっているという自覚、また霊性不滅の確信、これらが得られるのです。

この半世紀の間に、私は霊的能力を開発することが出来まして、顕幽両界の深渕に橋を架け、高い世界の知識を地上に伝えることが出来るようになりました。私の指導霊はホワイト・イーグルと申しますが、三十年以上にわたり、私に通信を送ってきました。この通信の中で、イーグル霊は人間の高級能力の開発と、それの人類への活用を教えています。これはすなわち、現実生活の幸福と調和をもたらすことにもなるわけです。

これら通信の一部を選んで、『霊性進化の道』の書名で、今次大戦中に、四巻の書として出版しました。これらは評判となり版を重ねました。ところが、これが永い間絶版となっていまして、この間に、再版を望む声が多数寄せられています。この要望の中には、ホワイト・イーグル霊じしんからの、少なからぬ要望もあります。イーグル霊は、この霊界からの通信が、霊界との接触や知識を求める人々のお役に立つように、これが喜びをもたらし手助けとなるようにと、こう熱望している次第です。

この改訂版の『霊性進化の道』は、既刊の第一・第二巻の内容の大部分を収録し、改訂再版されたものです。但し、次の続巻で収録する予定になっている、自然の王国に関する部分は除外してあります。また新たに、治病と人間のオーラの章が収録されております。これら通信の大部分は、私とホワイト・イーグル霊の共同作業の初期の時代に、学徒への講義の形で伝えられたものです。しかし、これまで印刷されていないものも含まれていまして、これらは、その後の通信からとられた新しいものです。

ホワイト・イーグルの名において、読者の皆さんに申し上げます。本書によって、貴方が心の糧を、また貴方を啓発するものが得られますように。心をこめ思いをこめて。

霊性進化の道

―目　次―

訳者まえがき……5
受信者グレース・クック女史の序言……14
第一章　道は単純……27
知る人・知らぬ人　33
動機は何か　36
健全な身体に健全な心　38
均衡　49
呼吸　52

第二章　人間のオーラ……59
第三章　顕幽両界の交通……71
幽界　77
霊交　82
第四章　ヴェールの彼方の知恵……89
学習の殿堂　93
証拠の性質　96
守護霊　99
守護の天使　105

第五章　霊能……113
人は自分の人生を選びとるもの　116
霊視　119
霊聴　128
霊的な平和　132
第六章　他界での生活……137
生命である霊　149
個人的な愛と聖愛　153
吾等の人生の態度　157

第七章　心臓にある心・再生の記憶……163
再生の輪　170
大我　176
なぜ思い出せないのか　180
第八章　カルマ……189
聖母　193
カルマの目的　196
カルマの解消　202

第九章　霊癒……213
思想の力　227
治病の天使　231
訳者あとがき……236

カバー写真　熊谷淑徳

第一章　道は単純

〈グレース・クックの祈り〉

〝霊との交通のさいは、私共は心を愛へ向かって開きます。愛が霊への窓を開く道であることを、私共は承知しています。従って、私共は神に祈ります、父であり母である神に向かい、私共が愛の心となりますようにと。この愛が深まる時、私共は聡明となり、内なる神の力は一層増します。どうか、愛と智と力と、三つの聖なるものが、私共の心と生活の中に顕現いたしますように〟

人生の窮極の目的は、人間の内在我の働きによって真理を発見すること、これである。この真理は人間の内部に深く埋もれているのであって、人がこれを求めていくにつれ、今までそびえ立っていた小我の障壁は取り除かれ、人は諸種の自由を獲得するに至る。他界に在るいとしい者達と交通する自由、生命の力であり人を癒す力である宇宙光線との接触、この力を使って人々に奉仕するための自由、また、人類救済のために働いている諸霊と交感する自由、これらである。

天頂に至る道は険しく長い。前途の栄光を一べつするまで、人は物質界の産みの苦しみをなめねばならない。痛み・病気・孤独・制約、これらの苦しみ。また恐怖・怒り・心配、これらは後を絶たず、矛盾や闘争で心身はさいなまれる。しかし、肉体から解放されなければ、幸福も真実の生活も得られないというわけではない。事実、肉体から解放されても、地上で霊を求めることをしなかった者は、依然として完全な自由と喜びを見出すことはないのである。

栄光の未来がすべての魂の前途にある。しかし、その前に厳しい仕事がある――その仕事は厳しくはあるが、また楽しい仕事でもあるのである。たとえば、貴方が音楽が好きで、音楽で自己表現を望む時、その練習、つまり楽器を使いこなすようになることは、また楽しいことではないか。人はやり甲斐のある事に熱中している時、その苦痛を気にしない、それにかかる費用など計算はしない。その分だけ、その者の魂には実りとなるのである。

瞑想に長い時間をかけたからといって、魂の実りとなるとは限らない。瞑想だけが道ではない。自分の道を決めたら、ひとすじに進まれよ。リスのような進み方をしてはいけない。他をかえりみてその真似をしたり、あちこちとうろついてはいけない。花を摘む子供達は、一人がきれいな花を見つけると、もうあちらこちらと走り廻る。そのように地上の子等は、霊の真理の後を、あちこちとびまわっている。

それは道ではない。いつか、内在の声が貴方に語りかける時が来る「これが私の道だ。ここに私の心の安らぎがある。何としても、この道を進んで行こう」と。決断をしたら、そのとおり進まねばならない。それは必ずしも平易な道ではないかもしれない。しかし、辛抱してたゆみなく誠実に進むなら、その道は間違いなくゴールにつながっているのである。

霊の道に入った者は、世俗の心と、高次の神の心との、見分けがつくようにならねばならぬ。真実なものと、うつろい易い偽ものとの区別がつくようにならねばならない。世俗の心はすべての人の内部に住みついていて、霊の道の真実に疑念を抱かせる。霊性進化の道をたどるにつれ、人は幾度も疑念のために脅かされる――疑念は常識であるかのような顔をする。疑念は戸惑いより、明白な真理を好むかのように振る舞う。この疑い深い世俗心は、霊感の所産に証明不能であるとか、想像の断片にすぎないとか、さまざまに人の心を揺さぶるのである。

万一、世俗心が、神の心に一目おくようになった場合は、世俗心はその処を得て、一定の範囲内では、立派な指導的役割を果たすのである。世俗心の「きれいごと」と称する真理が受け入れられ、霊的な心に、それは刻み付けられるのであろう。高次の魂のレベルから見るとき――知性と英知は別物――

英知は真理の貴重な種子である。従って、識別の能力を学ばねばならぬ。人が、カエサルのものである世俗のものをカエサルに返した時、人は真理の珠玉を探し求めるのである。

知る人・知らぬ人

ある賢者が言った、此の世には唯二つの種類の人々がいる。つまり「知る人と、知らぬ人」。前者は、神が常にいずこにも居ますことを知っている、それは心の慰めであり、心をひきたてるものであることを。この者達は、英知と美の高い世界から、指導と啓発が得られることを承知している。後者は、上記のことは何も知らず、これらを無視ないし嘲笑しており、当然のことながら、暗室の中の囚人のような具合いに生活をしている。これを知る者、少なくとも知り始めている者は、たゆまぬ努力、体験、苦しみを乗り越えて、これを学びとったのである。彼等はこの知を逃がさぬよう、なお慎重であり、且つ努力をしているに違いない。と申すのは、霊の光を成長させる切願が存在する反面、心中の光に疑念をもたせ、これに反目し、滅ぼそうとする世俗の心も存在するからである。人間の闘いは厳しく、永く続けられねばならない。内心の光が、疑念を食い滅ぼして、再び頭をもち上げぬほど強力にたくましくなるまで。

アダムとイヴをそそのかして、地上の果実を食わせ、神をないがしろにさせたのは蛇であるが、人を襲う疑念は、まさにこの蛇の声に似ている。

吾々はたえず外界からの誘惑に襲われている。それにも拘らず、吾々は霊の声に耳傾ける努力を、一向にしていないのではないか。霊界はないとか、霊癒はないとか言う人々に、まるめこまれてはいけない。彼等は暗闇の住人、「知らぬ人々」である。聖書にこう記してある「死者は何事も知らず」と。このような人々には愛の光を送られよ。彼等もいつかは知る時が来ることを心得ておかれよ。この者達に貴方の意見を強制してはいけない。言い争いが実を結んだり、相手に信を呼び起こしたりすることはめったにないから。このような者達は口がうまい。だが、皆さんは自分の選んだ道にあって、霊の声から耳をはなしてはいけない。

動機は何か

霊性進化は、決して利己的な動機から、これを求めてはいけない。また感情的な愛のために、好奇心から求めるべきではない。ただ霊性進化によって心身の浄化が得られ、それにより他者への奉仕が一層可能となるので、そのために求めるべきである。霊的修練は何事においても、その根底の動機が、非利己・利他主義でなければならない。それには辛抱が必要である。また人前でその業を誇示したり、売名や金品のためにこれを行わない、この認識が大切である。実際は、皆さんの多くは隠れたところで仕事をすることになろう。家事にしても、実は創造的な仕事である筈。地上生活は、その人でなければならない場所に、またその人が最善をなすにふさわしい場所に、各人が適確に置かれている、このことをしかと肝に銘じておかれることである。無名の者の方が、知名の士よりも、一層人類の進化に貢献しているかもしれないのである。霊性進化の究極の目的は個人の鍛練にある、その鍛練によって神の愛を放つ一個の強力な中心となること、ここにある。従って、霊性進化の徒は自己を振りかざす華やかさを求めない、ひたすら自己を通じて、愛の息が外へいのちとなり出ていく、これだけを求める。

健全な身体に健全な心

霊性進化の業において、また治病家となる準備において、吾々が是非とも強調しておきたい一事は、健全な身体と健全な心をもつことである。それは、彼等が人々のために、光の通路とならねばならないからである。肉体を消耗させる訓練、そのために心を不健全な通路とするような訓練は、一切してはならない。正しい霊性開発は健康を助長するものである。これによって得られた健全な心が、再び霊性や霊能の開発を助長することになるのである。

吾々は受信局であり発信局であることを、ご承知願いたい。従って、吾々は目に見えぬ世界からの影響や印象に反応できると同様、また、此の世の影響や他者の思想や生活から出る波動にも反応するのである。吾々は病気と同様、恐怖・怒り・憎しみ・さまざまの感情、それらによって憑依や感応の影響をしばしば受けているのである。吾々は、なぜ自分がこんなことをするのか理解できないことがあるし、そうしようと努力しても、どうしても目に見えぬ悪魔を追い払えない、そういうことがある。その時、吾々はまさしく不健全な状態にあるのである。

余り率直に語りすぎましたかな？　しかし、皆さんは霊性開発を求めているのだから、すなわち天与の霊性の開眼を望んでいるのだから、自分の器官の使い方を学ばねばならぬのである。いつか申したとおり、何か楽器を演奏するには、先ずその技術を習得せねばならぬ。ペンを用いたいなら、先ず言葉を、絵をかきたいなら、形と色を、先ず習わねばならぬわけである。同じように、皆さんは霊性開眼にふさわしい代価を用意し、開眼のための訓練を耐えねばならぬ道理である。これによって、人の精神はたえず浄化されていき、少なくとも健康で健全で聖なる様相を呈する。

諸子よ、精神が健康でなくして、どうして健康な肉体をもち得ようか。しかし皆さんはこう言う、精神は一向に健全ではないのに、身体だけは頑健な人を沢山知っていると。しかし、それは時間の問題である。その精神が平和と調和を欠いておれば、身体の健康は長つづきはしないのである。

それゆえに、常に健康な考え方をなされよ。建設的で、楽天的にものを考えるようになされよ。と申しても、愚者の楽天主義ではない。もの事を明るく、自信をもって考えるということ、つまり、地上生活の混沌の裏には、聖なる目的があるということ、また人間の霊性の進化がすすめられつつあるということ、これを承知の上の楽天主義であれ。もし貴方の心が、訓練によってもっと健全になれれば、もう決して失意や恐怖の渦に巻き込まれることはなくなるだろう。ものの考え方が事ごとに積極的となるから、つまり、一切が善に向かって動いている。何事が起ころうとその背後には常に善が存在する、この事を知るがゆえにである。

皆さんは、沢山の事に注意を払わねばならないので、心を煩わし、気も転倒することが多い。こうして心を過労におとし入れている。一度ですむ事に、皆さんは百回も心を煩わす。「あれもこれもしなければならない」と、貴方は自分に言いきかせる。しかし、あれこれは為されはしない。時に応じ、事に応じて物事をなすよう、落ち着いて物事をなすよう、自分を訓練することである。この時に応じて沈着に事を処理することの大切さ、お分かりかな。為すべき時が来るまで、その事を脳裏の外におくがよろしい。但し、いらいらくよくよしない事である。人の心は、おおむね、とり乱したぼろ屑籠のようなものだ。こんな屑やぼろの固まりの中に、高い世界からの通信が来るなど無理なことである。脳の扉が閉まっていれば、入って来る霊の光は追い返される、霊光は外で足踏み、落ち着いた一瞬が訪れるまで。無理に脳に押し込んだとしても、その通信はなしのつぶて、傍に天使がいることなど気付き得ようか。随処に主なれ。吾等の求むるところ、実にこの主となることである。

主は心を乱したり、急いだりはなされない。その周辺に、一点の不調和も見られない。随処に主となられるので、身のまわり一帯におのずから秩序がある。従って病気になられることなく、頭痛、風邪など身体の不調和は一切ない。皆さんは、とてもそんなこと誰にだって出来ることでないと言う。左様、皆さんは主ではない。しかし、この主に近づくこと、これは皆さんの目標である。

昔は、修道院に入った者は、病気になることは罪であると考えられた。他界にあって、吾等の記憶によると、インデアンの酋長たちは病気を知らず、病気によって死んだ者はいなかったということである。彼等の死は寿命がつきた時、これに限るのである。この時、霊魂は地上生活の後の休息のため、霊界に入るのである。太古の神秘の教えの告げるように「吾等は行く、天界に、地上生活の疲れを癒すために。癒しの後、吾等は再び地上の仕事に行く」と。

貴方が健康で健全となる時を待ち望め。これが吾等が父の願いであり、皆さんが今生でそうならない理由は一つもないのである。

人が健康の原理を吾等に尋ねても、吾々はすぐそれに答えるとは限らない。吾等はその魂にとり、一番ふさわしい物の考え方を指示するにとどめる。真理を無理に押し付けても、その魂が衝撃から回復するのに手間がかかるばかりで、賢明とは申しかねる。そこで、吾等はその魂が消化し得る程の食物を与えてやる。つまり優しく説いてきかせるわけである。その後を見守る。もしその者が真剣に、その教えに従うようなら、徐々ではあるが目が開かれていく。人を見て法を説く、これが人を助ける道。一人に良いからといって、その真理が万人に良いとは限らぬ。しかしながら、身体の健康のためには、また魂の訓練のためには、基本的な法が存在している、これを皆さんに示したい。

第一は、食物に関することである。ご承知のように、人間には肉体の外に、精妙な媒体が備わっている。人の食べるものは、肉体とエーテル体の原子に栄養を供給する。粗雑な食物をとれば、粗雑な原子に活力を与えることになる。逆に、太陽で熟した食物、たとえばフルーツ・穀物・木の実・野菜を日常とるようにすれば、媒体の高位の原子を養うことになり、霊性進化に役立つ。粗雑な食事は、その進歩を遅らせ困難なものにする。

生まれてから、中年・老年と、人間の身体には毒素がだんだんたまりつつある。科学的に加工された食物が身体にたまると、活動を妨げるようになる。食物についても同様である。食物がよろしくないと血行を悪くし、中年と老年になって身体の動きが鈍くなる。霊性進化を目指すなら、肉体原子の浄化をせねばならぬ。きれいな媒体を望むなら、清浄な食物をとらねばならぬ。

肉食はよろしくない。動物は殺される時、恐怖心をもつ。従ってその血や肉を食べると、恐怖心と粗雑な波長が人に伝えられる。もし兄弟を食べろと言われたら、何とされる、身の毛のよだつことではなかろうか。かつて、この習慣をもつ種族がいた。皆さんはずいぶん堕落した習慣と思われるだろう。やがて肉食は、堕落した習慣と考えられるようになるだろう、残忍さということとは別に。残忍は非常に重大な問題で、霊性進化を心がける者なら、どんな形であろうと、これを避けて通るであろう。動物を食用とする残忍さ以上に、多くの残忍さが存在している。まことに遺憾なことだが、人間は自分達がやっている残忍な行為について一向に気付いていない。問題は動物に対するだけでなく、人間みずからに対する残忍な行為、これである。

さて、次に喫煙の害について述べよう。吾等は「ああせよ、こうせよ」とは申さない。吾等の知るところを皆さんに語るだけである。選択は自分でなされよ。喫煙はしない方がよろしい。健康のためよろしくないのである。第一に、喫煙の習慣が克服できれば、自己統制に役立つことになる。喫煙は肉体とエーテル体双方にとり邪魔物である。なるほど、喫煙の習慣をもちながら、進歩する人々もいる。しかし、その進歩には一定の制限がある。喫煙は毒である。同じように茶とコーヒーも毒である。どうしても茶を飲むのなら、中国茶、薬草、マテ茶をまぜたものをとりなさい。しかしながら、吾々は何事も狂信を好まぬ。中庸、調和、識別、智恵、これが望ましい。しかし、はっきり言えることは、皆さんの足が霊性進化の道に根を下ろすにつれ、目が開かれ、肉食の欲求は退化するということである。

同時に、最も大切なことは何を食べるかでなく、貴方のものの考え方、貴方の日常の生活の姿勢、これである。貴方の媒体である肉体・精神体・幽体・霊体、これらはすべて内在の神である霊の宮である。それ故、常に神に思いを向けて、自ら神の波長に同調させるように生きることである。

均衡

身体の正しい釣り合いのとれた姿勢をとることは良いことである。たとえばフリーメーソンの人々のように、体重が両足の踵ではなく、親指の根元のふくらみにかかるよう立つ訓練をすれば、脊椎はしぜんに伸びて直立し、すべての媒体の偏向は正される。腰を下ろす場合も、背中を丸めて腰をどすんと落とすと、これは気持の良い坐り方かもしれぬが（吾々にはとてもそんな姿勢はとれぬが）、脊椎が弱くなり、このだらしのない姿勢のため、背骨がゆるみ、何度矯正しても、またすぐ元に戻ってしまうのである。

日常の努力によって、背すじをしゃんと伸ばして、親指の根元の丘で立ち歩行することが習慣となり、心地よくなるものである。これは身体の均衡をよくし、歩行に優雅さと身軽さを与えるものである。インデアンの歩行を見たことがおありか。あれから、皆さんは均衡と動きについて多くを学ぶことができよう。

また、椅子に背をもたれかけず、背すじを伸ばして腰掛けるようにすれば、長い目で見るとき、この方がずっと具合いがよい。だがやってみたが、背中が痛むと皆さんは言う。それは、今まで正しくない坐り方をしたので、背中が弱っているのである。神は背骨に、背中をかるがると支えるだけの力を与え給うている。まずやってみること。そうして背すじを伸ばして坐ることで、どんなに心持ちが違うか、自分ではかってみなさい。間違いなく、貴方の席の周りは光で充たされる。それは頭頂から差し入った霊光が、まっすぐ脊椎を通って、底部へ通過するからである。足は力まず自然であるので、大地から磁力を引き寄せることが出来る。足は二つの霊的中心なのである。その点、手も同様である。この磁力は貴方のオーラを貫流しつつ、貴方に必要な活力を供給することになる。

人が霊性進化を求めて坐っている時は、首すじを伸ばし、背すじを真直ぐに、両手は軽く握り、身体の力を抜いて、心は安らいでいる。これにして初めて、否定的な力を寄せつけぬ力強い姿勢が得られるのである。

呼吸

体内の毒素のために、寿命の前に死ぬ者が多い。その原因は、間違った食事にもあるが、もう一つは、長期にわたり不純な空気を吸い、これをうまく外に吐き出せないでいること、これにもある。

ヨガはこれまでしばしば否定されてきている。東洋人の訓練方法は西欧人には向かない、西欧人には西欧人にふさわしい、独自の方法が必要というわけである。そこで、吾々は西欧人の身体に適した方法を教示することにしよう。これはヨガではない。西欧の学徒に適した結構な方法と申しておこう。

人によっては、呼吸訓練はすべてよろしくないとするが、吾々の法に従うなら、結果はすべてよろしい。但し、吾々の言うとおりにすること、自分勝手なことをやらぬことである。初歩の段階で、あまり息を深く吸いすぎたり、息を永く止めたりせぬこと。これは動悸を早め、目まいを起こす原因となる。身体を緊張させることもよろしくない。呼吸の訓練は、すべて調和があり、不快感があってはならない。平和と安らぎの気を生むようでなければならない。霊的訓練においては、常に調和を主眼とすること、つまり(比喩的に申せば)身体的、精神的、霊的に腕組みをした状態、これである。

息を十分に吐いて、肺を空にするたぐいの人は少ない。大多数の人は肺の上方だけで呼吸しており、従って、肺の下部には悪い汚れた空気を残したままにしている。こういう悪い習慣が一生涯つづいているわけである。息は深く吸うこと、十分に吐き出すこと。これは相当な習練をしないとそのようにはならぬ。また、呼吸はゆっくり、静かに、調和をもって行うよう習練をつむこと。即ち、徐々に深く深く息を吸引し、肺の下部まで満たし、またこれを空にする。吸引のときは、肋骨を十分に拡大すること。

では、吾等が呼吸法を述べるとしよう。先ず、鼻孔を清めること、出来れば窓を開けて、立つ。吸気の度に、神を思え、神が吾が内に入り給うという気持で。次に吐気の時、息を全生命に向かって放つこと。この吸気により、霊的太陽光線はその人の内を満たし、その人に光を与え、眉間のチャクラつまり心霊中枢に集まる。このチャクラから、心でこの光を心臓チャクラに導くことができる。これで霊的太陽光線が、心臓にある種子原子（これについては後述する）に、届くことになる。出来るだけ毎日これを実習すること、時間は好きなだけでよいが、無理があってはいけない。また訓練によって正しい立ち方、坐り方、歩き方をすれば、正しい霊的姿勢がとれるようになる――眼は輝きを増し、太陽光を直視するようになる。つまり、太陽の栄光、キリスト神霊の栄光のほか、何ものも見ないようになる。もはや身辺のゴタゴタは心を煩わさず、キリストの栄光をのみ見る者となる。背すじを伸ばし、正しい姿勢で、直視する霊光を呼吸せよ――すなわち、この光明を吸引せよ。更に、地上の悩める者に向かって、自然に放て。

この呼吸が調和をもって行えるようになった時、きわめて自然の心安らぐ呼吸であることが自得できる。

最後に一言。これまでも申してきたことだが、水を十分に内外ともに用いること。吾等は皆さんすべての者に、毎日飲んだり浴びたりする水晶の水、太陽をはらんだ水の流れを、授けることが出来る。但し、皆さんがゴミゴミした都会に住んでおれば、これは困難だが。思い出せば昔、吾等は故里にあって、かの水晶の水の流れに、いかに驚喜したことか。

冷水浴は何分にも不調和なもの、過度にショックを与えることはせぬがよいと申しておこう。常に調和を心がけ、極端は避けたがよい。熱すぎる風呂もよろしくない。湯の温度をぬる目にし、後でよく摩擦するがよい。大いにこれを楽しみなされ、但し、疲れるほどではよろしくない。

できるなら、飲料水は沸騰させるか、濾過した方がよい。というのは、都会の水は、健康によくない不純物や有害な鉱物質の沈澱物があるからだ。毎朝、呼吸実習の前に、少量の水を飲みなさい。飲むに際し、次のように思い、これに意味をもたせなさい。「私が飲むこの水によって、神の英知が私の体内にこもる」と。次の一飲でこうまた思う「神の愛が私にこもる」と。最後の一飲みで更に思う「神の力が私の内にこもる」と。こうして水を飲む度に、貴方は神の一面ずつをとり入れることが出来る。またこれによって、貴方はたえず肉体とエーテル体を浄化しているのである。最後にかように祈りなさい「私に、神の息を……その息により、私がすべての人、すべての生きもの、すべての生命に、祝福を送る者となりますように」と。この後、その神の息を吸引なされよ。

第二章　人間のオーラ

人間のオーラについてお話ししよう。吾々霊界人が皆さんと交通できるのは、このオーラの媒介があるからである。左様申しておこう。

人間の諸媒体の呼称はいろいろあり、皆さんが使用している他の学派のものと、吾々の呼称とは違っているかもしれぬ。しかし、できるだけ簡単に話をすすめたいと思う。

十分な知識がない場合は、オーラを読み違え易い。たとえば未熟な霊視者の場合、肉体から数インチ出ている青みがかったオーラだけしか見えないが、これを全オーラだと思いこんでいる。彼が見ているのは、肉体に滲透している活生力であって、これは霊的生命と肉体生命との媒介者である。このオーラ、即ちエーテル体ないし活力体は、神経組織に密接に関係しており、後日病気の原因となるものを蓄積する。即ち、低い自我が間違った思想、食事、生活でつくり出した毒素を、ここでしっかり保持しているわけである。

肉体に密着して、肉体素と思われるある種のものが存在する。これは悪いものではない。これは人間だけでなく、それ以下の生命体にもそなわっている。吾等はよく次のような質問を受けたことがある。人間が肉体の中にいる間は、なぜ悪の誘惑の方が、善への志向より強いのかと。それはこの欲望素が存在するからで、大抵の人はこれが非常に強いのである。進化の途上にあっては、人は高級我（それは未だほんの萌芽にすぎない）が、肉体素を完全支配することを学ばねばならない。人間の自我の在所は天上体、即ち至高純潔のオーラの中にある。この我は直観として現れ、人はこれを意識と呼ぶ。しかし、肉体素も人間の進化を助けるもの、これは人を地上につなぎとめる錘の役目をしている。人はこれを足かせのように感じるが、悪とみなしてはいけない。それあるが故に、人は神性意識を発現できるようになるのである。そのためにこそ人は地上に生きているのだから。

以上で活力体についての話は終るが、これは実はオーラではない。肉体からの発出物なのである。死とともにこれは去るが、その一部は至高のオーラ、いわゆる天上体の中に吸収される。その理由は、地上生活で獲得した経験を、未来の生活に活用するために保管するということである。未来といっても、天界生活の意でなく、以後の地上再生生活のためという意味である。

次の媒体は幽体であるが、幽体は霊視能力者によって霊視され、それにはオーラがあり、色彩がある。この幽体のオーラの奥に精神体がある。精神体の奥に天上体がある。この天上体のことを、他の学派では原因体と呼ぶこともある。

幽体のオーラは下品なものもあれば、きれいなものもある。これは人間の意識と関係があるのである。肉体要素が強ければ、幽体のオーラは下卑ていて、色は美しいとは言いかねる。魂が霊的生命の存在を知り、地上生活の意義を知るようになれば、幽体は浄化され、色彩は美しいものとなる。オーラの色の不変性は、霊的熱望の強さ、優しい美しい志向の強さいかんにかかっている。

オーラは目まぐるしく変化する。色は一瞬美しく光ったかと思うと、消えて鈍い色になったりする。従って、オーラは青いとか、赤いとか、黄色だとか、その時によっていろいろな色に言われるので、人は迷ってしまう。幽体のオーラの色は変化しつづけるが、魂がしっかりしたものになると、変らなくなる。それは魂が自己を知り、献身や愛や霊的熱誠など、不変の波動をオーラに導入するに至るからである。こうなると、高級媒体のオーラにも、不変の色彩が見られるようになる。即ち、精神体や天上体が、下位のものから吸収するからである。天上体は天界にある不滅の媒体であって、古代の神秘学派では、これを「神殿」と呼んでいる。フリーメーソン派の神殿は、天上体を象徴したものである。

オーラの張り出す範囲は変動する。未発達の人の場合は、五、六、七インチから十二インチくらいにまでなり、霧状に見える。進歩した人の場合は、オーラはしっかりしたものとなり、ふわふわしたり漂ったりしない。霊的生命について無知な大衆の場合は、オーラは不安定で、主として暗い赤、褐色、強いオレンジがかった褐色が見られる。欲望素から出る本能は、褐色と黒色の色をとってオーラに現れるのである。普通一般の人の幽体は、不安定で霧状の鈍い暗い色から、しっかりしたオーラをもった卵形で、安定した調和のある色彩のものまで、いろいろである。

更に、この幽体から張り出して、同じ卵形ではあるが、ずっと美しく精妙なオーラが見える。これは精神体のオーラである。これは思想の変化に応じて迅速に変化する。これに滲透しつつ、これから張り出して、美しい形をした天上体のオーラがある。その色彩は何とも口では表現しにくい、地上にはこれに比すべきものがないからである。人間の我は、地上生活、幽界生活、霊界生活を終えた後、最終的には、この天上体に鎮座することになる。上記諸界での生活のあり様は、それぞれ対応するオーラが織りなすものである。

誤解しないで頂きたいが、ごく普通の善良な人達のオーラは、見た目には心地よいが、不変で強いというわけにはいかない。底部には暗い色彩があり、太陽神経叢あたりにはきれいな色彩がある。

高く進歩した「我」のオーラは、数フィートに及ぶ。達人とか霊師とかの場合は、一マイル以上にも及ぶ。従って、高級な「我」が近づくと、その姿は見えなくても、オーラの存在を感じたり、香りを感じたりする者が多い。オーラには香りがある。だから、それが霊師であるか達人であるか、見誤ることはない。高級我の場合は、その周りに独自の調和が漂っている。瞑想の時、秀れた「我」が近付くと、音楽を奏でるような響きで、その接近を感じとるかもしれない。恐らく、皆さんの中には、この経験がおありの方もあると思う。地上生活中に、皆さんは自分の諸媒体のオーラをつくりつつある。貴方の欲求は貴方の幽体に刻み付けられる。それは更に幽体を経由して、精神体と天上体に影響を及ぼす。人はその行為と反応、思想と欲求によって、自分の天上体を創りつつあるのである。いや、皆さんはそれ以上のことをしている。皆さんは、再生した時、地上で表現される貴方を、高級な諸エーテルをもって、いま創りつつあるのである。

従って、多少の不満はあろうが、現在の貴方の肉体を創ったのは、貴方じしん、このことを知って頂きたい。

高い世界、かの天上世界から人間は再生するのだが、そこでの生活のうちに、人はある種の要素の必要を感じるようになる。つまり、彼は自己の神殿にあき足りぬものを感じるのである。それを身につけたい、そのためには、もう一度形をもった世界に帰って、体験を積む外に方法はない、かように悟るのである。天上体には不要な一切の要素は脱落し消滅しており、僅かに必要なもののみが残っている。これを吾等は不滅の種原子と呼んでいる。この種原子こそ、次に再生した時に入る媒体を創るための準備なのである。霊の声に従うことがいかに大切か、肉体素に身を委せぬことがどんなに肝心か、お分かり頂けたか?

祈りは、誠実さと謙虚さをもってする、極めて有力な手段である。ただ一つのことを祈れ、神の愛を。神の光のいや増さんことを祈れ。己れのためにでなく、他者がその光によって祝福されんがために。これが祈りの道である。神のために祈れ、善のために祈れ、他者のために祈れ、その余は神に委せよ。「神よ、吾が道でなく、おんみの道を。私の愛する者すべてを、おんみの御手に委ねます。御心が天において行われるように、地においても行われますように」

第三章　顕幽両界の交通

調和と真理と愛のふる里へ、皆さんの意識を高めてあげたいもの。すべての者にそなわる内在の力を目覚めさせてあげたいもの。貴方がたが霊に目覚め、霊界の調和と真理を享受できるようにと。

真理とは霊的な法であり、神法を反映した実体である。しかし、人は霊界の真理を身に行えるようになる前に、先ず肉体的、精神的、霊的に身をととのえねばならない。

吾々はこれまで多くの心霊談や、死後生存の証明の話を耳にしてきた。いずれも科学的見地ということを強調しながらも、どちらかというと、心霊の立脚点は科学的ではないというようなものだった。しかし、これは間違っている。吾等は霊的な法則に非科学的なものは一切ないということを明言しておきたい。科学の学説は、殆んど時代と共に移り変る。今日真理とされたものは、明日は誤りとされ忘れ去られる。しかし、霊的法則は永遠の真理である。霊的法則の場合は、人間の進化成長のほかはなんの変化もない、即ち、人間の内的我の自覚が進むにつれて、その知り得る真理は増大していく。しかし法そのものは不変なのである。

心霊科学は、地上でも、他界でも、真正の科学である。人がこの宇宙の霊的法則を知り、実践し、そのように生きる時、これが真正の科学の人なのである。

そこで先ず、人間の内在能力の進歩は、全く科学的な経過を辿ることを知ってもらいたい。もし神法を無視すれば、どこかに不調和が必ず現れる。もし、神法を学んでこれを守り、また内在の霊の命ずるがままに、歩一歩堅実に前進をつづけるなら、人は必ずや内部にある、深遠な知恵の泉を掘り当てることになるのである。また、自己のオーラを、生命の深みと高みの彼方へ触れるよう、伸ばしなされ。

「深み」ということを申したことがあるが、これは注意なされよ。人の意識なり知覚なりは、二つの方向、秤の両端へ向かって進むものである。皆さんの意識やオーラも、生命の高み、深み、拡がりの限りへ向かって、伸びるに違いない。この過程で、皆さんは生命と他者への大いなる愛と寛容を身につけ、霊の深い静寂と平安をかちとるのである。こうなると、人はもう何ものにも驚かず、ビクともしなくなる。人類とは、どの段階にある者もすべて、古里である神に向かって帰り行く進化過程にあることを、了解するに至るであろう。

人間は内部にある能力を開発することで、精神の力と静安を身につけるものとなる。また、肉体の面でも、その純化・強化・健康の回復が達成できる。心臓チャクラから神光が流入し、肉体・エーテル体・幽体・精神体・天上体の全媒体を貫流して、すべてが強化され純化される、このことは科学的な事実である。

霊的な人は虚弱ではない。霊的であるとは神経質なことと考えて貰っては困る。実際、ある種の霊媒達は、風に揺らぐ花のように虚弱である。だがこれは、不調和な敏感さが原因でそうなっているのであって、これでは健康になれない。これは霊的進歩とは違うものである。皆さんは、人格の進歩向上という大道を歩むよう心されよ。他者に向かい大きな愛を放つことを学び、霊的・科学的に自分のオーラの成長をはかられよ。もし物質科学が心霊科学に導かれるようになれば、いずれそうなるのだが、その時は、古代の英知に蔵されている幾つかの神秘が、人類の手に回復されることになろう。

人類の霊的理解が進むにつれ、顕幽両界のヴェールは漸次うすれていくだろう。また両界の親近性も明白となっていくだろう。幽界旅行が、地上に生きていながらにして可能となり、誰の目にも死はないことが明らかになるだろう。霊性が進歩すれば、勉強によって得る確信以上の信念が心中に増大し、ついにそれは貴方じしんの分身となるだろう。いわゆる死者は死んではいない。やがて貴方は、死者達が貴方と共に居ることの確信に至るだろう。しかし、その確信は人が与えてくれた証拠によってつくられたのではなく、内心の知覚、不抜の信念によるのである。

幽界

生得の霊能が発現する場合には、経験不足のため、困難やまごつきがある。何といっても、この場合の他界との交通といっても、せいぜい地上の隣接境、いわゆる「幻夢境」あたりにすぎないから。しかし、これとても、その交通により学ぶところは多い。但し苦しみも多いが。なかんずく、ホンモノと偽物とを見分ける批判の目、これが教訓の第一であろう。

幽界のこの境を、地上から遠く離れた処と思ってはならぬ。この境は甚だ近接している。従って、神秘思想の多くは他界生活をもって、大なり小なりいろいろの点で、地上生活の延長と考えている。実際、幽界居住者の影響は地上の人間に及び、反対に、地上の人間の思想や感情が幽界人に及ぶことが見られるのである。幽界の低い境の住人達は、地上の同じ嗜好をもった人間に近付き、彼等が地上で味わった喜びを、二番せんじで楽しむことが出来る。低い幽界居住者達の中には、欲望を充たす目的で地上に戻って来て、このような接触を求める者が多い。しかし、貴方に愛情と英知があれば、これら亡者達を救ってやることが出来る。それはまた翻って、亡者のために堕落させられる生者達を、守ってやることにもなる。

死によって肉体を去った魂は、多くの場合、この近接の幽境を通ることになる。この間に、魂には過去のもろもろの記憶が、走馬灯のようによみがえる。しかし、これは幻であって永くは続かぬ。しかし、生前、物質に執着の強かった魂の場合は、死後も物質の幻にとりつかれており、その分だけ上の真実の世界に行くのが遅れてしまうことになる。

この幻夢境と熱心に交通する者は、一つの経験を積むことになる。それはあいまいで人を惑わせるものだが、結果的には有用な経験となろう。つまりその境から受ける通信は、初めは信用できそうに見えるが、結局はあてにならぬ失望に終るものだからである。こういう経験でくじけてはいけない。何事も経験である。全く経験せぬより、落胆でもよい、その経験の方がましである。それは誰しも通過せねばならぬ一つの段階なのである。

人は誰しも、他界居住者と真実の交通をする能力をもっている。人は皆、霊魂と交感できるという意味では霊媒である。しかし、受け取る通信は、その人の魂の器量によって違う。幻夢境との接触を通じて、人は真偽を見分ける眼力を獲得する。地上生活は偽瞞に充ちていて、必ずしも人も物も見えるとおりのものではない。貴方の霊性進化において大事なことの一つは、この真偽識別の目をもつことである。

嘘と思える通信が、必ずしもその意図において、悪いとは限らぬ。その目的が、本人を力づけ本人を立ち直らせる、そういうものであるかもしれぬ。

頭から悪いと決めてかからず、聡明によく自ら判断をして受けるようにされよ。指導霊が貴方に通信を送る場合、何よりも意図することは、総体的に見た霊性進化である。指導霊の貴方への愛は、純粋で個人の枠を超えている。その一つの考え一つのもくろみにも、単に一人を目的とせず、全体の善を目途としている。貴方にへつらった通信、個人的・利己的な性格の強い通信は、貴方を試みるためのものかもしれない。

霊的な展開においては、明らかに矛盾した通信、逆説が起こり得る。しかし、それらの言葉をすべてよく注意して考えてみるように。通信どうしが矛盾する時は、うまく融和させる努力を試みること。真理とは常に一面的なものではない、神に至る道は幾つも存在する。それ故に、しゃくし定規的であるな。

一方的に物事をきめつけるな、真理に近づくには、歩一歩、順序正しく忍耐づよくあれ。

霊交

心霊主義者は、人々の目を開き真理を受けいれるようにする準備段階として、霊交を行った。実験を通じて心霊主義者が知ったことは、地球の周りの諸界にあるさまざまの霊魂と交通が出来ること、これらの霊魂はすべてが良いものとは限らず、中には邪悪なものもあること。優秀な霊界通信を受けるには、人間の方で利己を去る努力をすること、人格の淘治《とうや》と完成が必要なこと、これらである。幻夢境から来る亡魂も、人間の方にこれと波長を合わす暗い影がない限り、決してそのオーラの中に入り込むことは出来ない。重ねて言うと、いかなる邪悪な悪念をもった霊魂といえど、本人が断固としてこれを寄せ付けぬ決断をもつ限り、一歩もそのオーラに入り込む余地はないのである。それはこの時入口に封印がなされ、本人が自家の主人となったからである。何者といえど、本人に弱さ・愚かさ・つけ込む隙がない限り、一歩もこれを犯すことは出来ない。

新しく死んだ者と残された者との間に、橋を架けてやることは、場合によっては正しいことである。それは長旅に出たままの身内の者が、何とかして、無事と健康を伝えるメッセージを送ろうとするのと同じことなのである。ただ具合いの悪い点は、死者の方がしきりに健康の回復を求めていること、または残された身内の方が、手助けや慰めが必要な状況にあること。

いずれにしろ、霊媒を通じて交通を求めることは正しい事である。しかし、交通ができて、両者が共に慰めと安らぎを得た後に心すべきは、死者の方も生者の方も、肝心な仕事が待っているということ。即ち、自分自身の生活をちゃんとして、なすべき責任をしっかり果たすこと。自分で考え自分でやらねばならぬ事を、いちいちお伺いをたてて、霊界の世話になったり霊界に責任をとって貰ったりしてはならぬ。勇気を出して、もう一度立ち上がれ、これにより、人は以前より一層、他界の愛する者の傍に近づくのである。

地上の人々を助ける使命を帯びて、地上に戻って来る諸霊がある。これら諸霊の中に、顕幽両界の交通を樹立するため、長年月をかける指導霊や補助霊達がいる。彼等の仕事は、犠牲的で且つ高貴なものである。従って、このために費やされる時間は聖なるものとされる。

他界したもののすべてが、地上の人との通信に戻って来るわけではない。従って、目指す愛する者の訪れがないからといって、落胆してはいけない。彼等は新生活を築くために去ったのである。貴方の物的生活と彼等の新しい内的生活とは、当分は離れればなれに違いない。だが、貴方が内在我を解き放つことを学ぶに至れば、それにより遂に貴方は、彼等のもとに到着する日も来るのである。

吾等の全目的は、皆さん一人一人に備わる魂の能力を開顕させて、快適な霊界との交通を可能にするだけでなく、それを自然な正しいものとすること、これである。

霊に別離はない。「我《が》」に別離があるのみ。また、別離による痛みは、我《が》、この故である。思いを深めて悲しみを捨てよ。喪失の怒り、また悲しみ、これらの多くが自分の我《が》、自分をあわれむ心から、出ていることを確かめなされ。通信を求めるなら、これら感情を横に置きなされ。そのために貴方だけでなく、愛するその死者をも傷つけるからである。

なぜ、万物が統一に向かっているのに、別れとか独りぼっちとか考えるのか。生命はみな大海の一滴ずつである。その一滴は大海となることも、大海から離れて一滴であることも出来る。しかしこれは常に水、その水の部分である。

それと同じく（目を転ずれば）人間の霊はその一つ一つが、萌芽としての神である。人類は小さな神細胞の集合体であって、神に結ばれて一体である。霊の一つ一つは、内に同胞から離れて孤立する力をもつが、神からは離れておらぬ。

人間の深奥の我《が》は神から出たものである。人は神に似せて創られた、神の似姿である。この驚くべき真理をよくわきまえるとき、此の世のもの、卑しいものの一切が消えうせる。「此処」とか「其処」とかはなくなり、「あらゆる処」の思いと考え方だけが心となる。もはや何物も神から離れてあるものはなく、誰一人として孤絶している者はいない。涙も悲しみも死も、そのとらえた手を人から放す。

人の小我は刀の鞘であり桎梏《しっこく》である。この小我の周りに思想や感情がまつわれば、真我は囚人のように閉ざされる。小我の下に個我、真実の人間がある。ここから愛着の糸が、愛と同情が、他者に向かい、全生物へ向かい、見える世界見えない世界へ向かい、天使界、キリスト、神へ向かって伸びていく。これはそうであらねばならぬ。何となれば、この外に、内在の我につながる道はどこにも通っていないから。それはすべての生命と自己を分かち合うもの、それを限るものは唯一つ、宇宙の境界のみ。吾等は神の御心の内に創られている。全宇宙は神のみ心である。従って人間はまた善神である。

第四章　ヴェールの彼方の知恵

皆さんは、守護霊や指導霊など、霊界の高い霊の感応を受けることを希望している。皆さんの中には、自分の守護霊を既にご存じの方もあるが、霊師達の指導も受けられることは、未だご存じないようだ。皆さんの守護霊は、この霊師達の指導下で活動していること、また霊師達は皆さんを使いながら、皆さんの霊的成長を促進させることも出来ること、これが未だ皆さんには分かっていない。

人類への霊示、治病、指導、祝福などのため、もし人が無私の気持で使われることを望むなら、その人のオーラには秀れた霊光が注ぎ込まれる。その時、光の使徒として守護霊が身近に来ているのである。何人《なにびと》も霊媒であり得ることを銘記されよ。皆さんはすべて各々の特質に応じて役に立ち得る。治病家、教師、音楽家、文筆家、画家、皆さんはそうかもしれぬ。何をもって人類に役立とうと、自己を見えぬ世界に同調させようとする時、貴方は他界の英知の通路であり、霊媒であり得る。

思い出して頂きたい、皆さんはおのおの、ある特質を伸ばすために地上に受肉している。やがてその特質は、貴方の天界の宮である高級媒体に、築かれることになる。

覚者とは、既に高級の媒体に、神となるべき一切の要素を築き終えた人。ここまでくればもはや、自ら望んで人類救済のために地上に戻る場合の外、再生の必要はなくなる。

しかしながら強調しておきたいことは、皆さんは未だ甚だ人間臭が強いということ。ある種の霊質は部分的に開発できているが、なお多くの濃厚なものが、幽体中に織り込まれたままであるということ。もし感情の統制、思想の統制につまづけば、たちまち霊的な流れに支障が起こってしまう。皆さんが守護霊に対して放っている波長は、また貴方を使いたいと思っている霊師に対して放っている波長は、特に清浄なものとは言い難い。であるがゆえに、統制につとめられよ――肉体の統制、感情の統制、心の統制――意気張って行う統制ではなく、日常の清浄高貴なる世界に触れることを願う希求、この統制である。

霊は光である。人間の高級自我のことを「原因体」と呼ぶ人々もあるが、これは光の媒体である。人が光の世界へ希求の目を向けている時は、人は諸媒体の心臓・頭・喉の心霊中枢から、これら光の生命を吸入しているのである。
さて、皆さん、このことがお分かりかな、説明がお出来かな。

学習の殿堂

皆さんの中には、睡眠中に、霊界の学習殿堂へ連れて行かれる者達がいる。そこで英知の師の講義を受け、特殊な仕事の訓練を受けたりする。そこで教えられた真理を、記憶の中にたたんで戻って来る。もし天界との波長が合ってさえいれば、睡眠からさめた時、突如、新しい観念が心に閃く。貴方は思う「おお、ヒラメキだ、どうしてこんな考えが湧いたのだろう」と。それは、貴方の肉体の心が、貴方の高級の心からのインスピレーションを、受け取り易く成長したので、貴方が天界の学習殿堂で習った真理を知覚するようになっていた、こういうわけである。

またある時は、ものを書いている時、インスピレーションの波が湧き起こることがある。貴方はこれを、潜在意識のせいかしら、それとも守護霊からの通信かしら、と考える。真理というものは、人がこれを語ったり書いたりする前に、脳がこれを言語化する必要があるのだが、貴方の守護霊はこの真理を、貴方の高級の心を使って組立てることが出来る。こうして貴方が受ける通信の知恵のエキスの部分は、守護霊から来ているのである。

人は誰しも、霊との接触のための準備が出来ているわけではない。現世の物質的な仕事があって、そのため自分の性格も型にはまり、霊との感応には向かなくなっているように思える。しかし、皆さんは既に霊性進化の道についており、内面生活の面でも、外的生活の面でも、指導をうけ、啓示を受け、見守られている。歩一歩皆さんは進歩している。また機会が次々と与えられている。ただ皆さんの方では、そうとは一向に気付いていないようだが。その機会と申すのは、皆さんの信念を試すためのもの、自分の高級我の声に耳をかすかどうかの試金石、また皆さんにそなわる霊力のテスト、これらである。もし、物質生活の上で困難があったら、それこそ、忍耐とか、信念とか、勇気、善意など、貴方に欠けているものを開発するために与えられた機会なのだと、そう考えなされよ。

皆さんのうち一人として忘れられている者はいない、かように固く確信されることだ。神の通路として使われる魂は、一つとして、高い世界から見過ごされることはない。目覚めた魂は光である、光は見ればすぐ分かる。吾々が見るところによると、地上は常に霧に包まれている、処によりかすかに光った処もあるが。しかしながら、霊性進化を志す道にある者達は、暗夜の中の星のような存在、その光により見分けられる。

証拠の性質

霊交を推進する大きな障害の一つに、いわゆる「証拠」の要求がある。皆さんは証拠には一定の規準をつくっている。たとえば、皆さんの守護霊が通信を送っている時、貴方の小我が証拠を要求する。「ハイハイ、しかし、貴方はどなたですか。その証拠を見せて下さい。いま、私の祖母はアメリカで何をしているか、答えられませんか」などと。きかなくてもよいことを聞くのは、愚かである。貴方の守護霊について、馬鹿な質問は止めなされ。これを疑い、愚かなせんさくをすれば、波長を低い幽界に合わせることになり、すぐ邪悪霊に結び付いて、おもちゃにされる結果になる。

主の言葉を思い出しなさい「その果によって、その者を知れ」と。すると、中にはこう言い返す者もあろう「ですが、聖ヨハネは言いましたね、その霊をしらべなさい、神から来ているかどうかを」と。左様、彼等を調べなさい、しかし、貴方の規準ではいけない。その通信を検証しなさい。その通信に、真理、謙虚、愛のしるしがあれば、それ以上のせんさくは無用。その果によりその者を知れ、である。ここで一言つけ加えておきたいことは、守護霊も指導霊も、決して命令をしない、ということである。それは霊的法則の一つを破ることになるからである。神は、すべての子等に自由選択の力を与え給うた。尤も、この選択や意欲にさからう衝動もあるが。この衝動が起こるとき、その責任は貴方の魂と霊にある。高級霊は決して人間の自由意志を妨害することをしないものである。指導を求められれば、彼等はその方向を示し、可能性にまでも触れる。しかし、最後の決断は必ず本人に委ねる。

守護霊

既に、皆さんはすすんで守護霊と交通をしている、守護霊の人柄を理解しており、その親愛の情もよく分かっている、左様ですな。しかし他方では、懸念が残っている。つまり、世事に関しては一向に自信がもてないのである。だが、謙虚になって真理の鏡をのぞくことが出来れば、貴方の傍にはいつも、賢明にして愛に溢れた守護霊がいること、お分かりになろうもの。

貴方の守護霊の役目は何ですかな。貴方の友であり霊師ですな。守護霊は貴方の高級の心と良心を通じて働きかけてくる。沈思の時貴方はひそかに守護霊に悩み事を訴えているかもしれない。その答えはすぐに戻っては来ない。

しかし、数日か数週間後、思いがけない時、貴方の心が雑事から離れている時に、突然答えが返って来る。しかし、心得て貰いたいことは、理にかなわぬ要求を守護霊にしないこと。現実の先生に尋ねる時のように、問題の説明を求めること。回答は戻って来る、ただその時は、恐らく貴方の望む時ではなく、霊の方の都合のよい時に。しかしその時に、霊師にその仕事をして下さいなどと求めぬこと。また、責任の肩替わりを期待せぬこと。

いずれの魂にとっても、自ら努力をすること、向上心をもつこと、きわめて肝心なことである。その努力に応じて、その者は、守護霊の助力を受け、上方への階段をたどる。守護霊に頼りきってしまうなど甘えは禁物、これは多くの者が犯す誤りである。全力を尽くす、これが人間の義務である。自らの努力により、肉体の調整に応じつつ、神より受けた賜ものを完成していくべきこと。しかしながら、どんなに心を完成させ、どんなに知識を積んでも、人間は通路にすぎない、このことを心にとめておかれよ。知恵の真源に自己を結びとめる秘事を学びとるまで、人間は空である。この秘事の実現の暁、彼は開かれ、キリスト神光が流れ入る、その時、かの高処から彼を導く霊達の現存をその目で見、身体に感じとる。

これら守護の霊達は、どのようにして選ばれるのか、またなぜ彼等は来るのか？　先ず第一にはっきりさせておかねばならぬことは、貴方の守護霊と、その他の助力霊達との区別である。助力霊は、貴方の人生の一定の段階での助力のために、カルマの主（訳者注・人間の業《ごう》を司る神々）から派遣される。

それはこういうことである、貴方は助けを求めたことがおありだろう、誰だって苦しい時には「神よ、助け給え」と叫ぶもの。神はこの祈りを聞き給う。またカルマの主も耳さといもの、だが貴方の守護霊はその時手がふさがっている。そこで、霊界にも幽界にも、過去世から貴方に負い目をもっており、その償いをしたいと望んでいる霊魂達がいる。彼等は言う「私を行かせて下さい」と。その霊魂は地上に来て貴方のために働く、貴方が悩んでいる問題に指導や援助の手を差し伸べる。その仕事が終ると、その霊魂は再び霊界へ帰る。

このように、貴方の一生の間には、困った時に手助けに来てくれる助力霊達は沢山いる、ということが言える。しかし貴方の守護霊、貴方を専門に守り、多分貴方の幾生をかけて結び付いている、霊師は唯一人である。助力霊達は「守護霊」と呼ばれることが多いが、貴方の霊師である守護霊は、これら助力霊達よりはるかに高い処で貴方と結び付いている。霊師の指導は、貴方の意識を通じて、即ち「神の声」とも呼ばれる、貴方の高級自我の声を通じて伝えられる。この内心の静かなささやきこそ、大きな力をもつものである。それは、いま肉体の中にとらえられている貴方が、達し得る限りの意識のレベルから伝えられる。これが貴方の霊師の声である。美なるもの、純なるもの、真なるものは、すべてこの自我の高みから来る。霊師が貴方に働きかけるのは、其処であるから。

吾等が、助力霊と守護霊について出来る説明は、上記のとおりである。もしヴェールがはずされることがあるとすれば、皆さんは感謝と至福の思いに満たされよう。神のみ力により、神意に従って、これら霊の縁者達が、皆さんの傍に皆さんの向上のために、ピタリと寄り添っているのを知りえて。信じられんことを。その温い抱擁、肩に置かれた手、その知らぬことなき理解、これらを感じられるように。霊師である守護霊は、皆さんの中にある望みと苦しみのすべてを知りぬいている。また、貴方が貴方を愛するよりも深く、貴方を愛している。守護霊はどんな時にも貴方の傍にある。二人は離れ得ぬもの、守護霊は貴方の行く道を平らにしてくれるもの。皆さんはこれまでに、不思議と思える助けや指導の経験をお持ちだろう。それは小さな事柄かもしれない。しかし、霊的援助なしでは決して起こり得なかったことを、皆さんは承知している。カルマ（業《ごう》）の法は狂いなく、真実であり、完ぺきであるけれども、心に刻まれよ、神は正義の神であると共に、愛の神であり給うことを。また、神は光の使徒らを通じて、難路を平らな道にならせ給うのである。皆さんに、神の恵みとまた救いを。

守護の天使

キリスト教徒たちは、以前は天使の存在を信じていた。しかしながら、今日では、人類の宇宙概念からすると、天使などというものはピタリとしない。今では、天使は神話や想像の産物と考えられている。昔は遠くなりにけりということで、人間の魂を掌中におさめる天使の存在を、認めるなどということはありえなくなった。しかし、直観を大事にし、静寂の中の声に耳を傾ける賢者は、自分の背後に、守護の天使の存在を感じているのである。

天使はカルマの主の命を受けて、地上のすべての魂を見守るもの、かように申しておく。かの人間の行跡を記録する天使、もうそういう観念は忘れ去られてしまった。しかし、吾々ははっきり申しておく、一人の天使がいる。皆さんが、神の声、もしくは悪魔のささやき（これは自我の低い声でもある）、それらの声にどのように反応するか、また何を行うか、それを見とどけることを任務としている天使がいる。これら天使達は、かつて肉体をとって地上に存在したことはない。彼等は全く別のコースを辿り、天使の国に入っている。

従って、皆さんの守護霊や助力霊と、この天使達は全く別の存在である。守護霊や助力霊達は、皆さんの傍にあり、皆さんと交接し、また神の計画の一部を担当しているが、人類への奉仕という点では、天使達の仕事とはその質を全く異にしている。

貴方の守護の天使は、貴方の傍を離れることはない。誕生の時から死の日まで、いや死の後も、常に貴方と共にいる。その仕事は貴方の業に関することで、カルマの主の支配下にあって、貴方の人生を指導することである。ある意味では、この天使は非個人的存在といえる。と申すのは、その仕事は、貴方が業《ごう》を消すチャンスの方に進むか、良い宿縁を加えるチャンスを握るか、それを見る役目であるから。このように人の経験とは、一つの機会である。

しかし、人の低い我はこう言う「そんな事、いちいちかまっておれない、煩わしい、迷惑千万、そんなことやりたくない」と。もう一つの声がささやく「しかし、これはやるべきだ」と。低い我がもう一度言う「それはそうだ。だが、私はやりたくないのだ、やりたくない」と。結局、貴方はそれをしない。貴方の元帳には、そのとおりの事が記録される。

誰しも、人は完全であるとか、真白な紙のようだと思うことはない。ただ、何事も勉強が肝心とだけ申しておこう。一つや二つの染みで、くよくよすることはない。人間の心には愛がある。この見えない力は、一切の染みを消す力である。

心に愛のある人は、決して落胆したり、心くじけたりすることはない。自分のこと、健康のこと、愛する者達のこと、いずれにおいても決して無用な心配はしない。というのは、彼は神の光や力によって、常に心が励まされているからである。その故にこそ何事もうまくいくのである。人の心がいらだったり、事に処するにあたって自分の心に枠をはめたりすると、物事はすべてうまくいかぬ。人は言う「がっかりだ、万事がうまくいかぬので」と。だからこそ、接触が切断され、災いが起こり、混乱が起こるのである。常に神の平和の中に生きるよう、真理の中に生きるよう、勇気を持たれよ、すなわち「神よ、御心がこの地上に、私の人生の上に行われますよう……神の御意志です、我意ではありません」と。

しかし、現に失敗し、万事が混乱している時、貴方の傍に、一人の救いの手があることを思い出されよ。貴方の守護の天使は貴方の失敗を見ている、とがめだてたりはしない。「だからよいか、言ったではないか」などとは言わぬ。こうささやいてくれる「勇気を出せ……もう一度立ち上がれるようにして上げよう。目を上げなさい、目を開きなさい、神は今日も天に在り、何事もなし」と。

この考えを決して失われぬよう、特に一撃また一撃と、貴方がまさに打ち倒されそうになった時。心にユーモアをもって、膝にしっかり力をこめよ。起き上がれ、大地にもう一度しっかり足をすえなさい。そして心に思いなさい、自分の傍に、いま自分を助けようとしてくれている人がいることを。しっかり、しっかり、決して投げ出してしまわぬこと。思いどおりに物事がいっている時は、誰しも心楽しい。しかし万事がうまくいかぬ時に、ニコリと笑えるなら、その時こそ霊の力が発揮される。心に記して貰いたいことは、人が人生の階段を一歩登るのは、この時、この地上での経験を通じてのみであると。神への憧れ、高い世界への願い、これを大切に。

肉体を脱した霊魂も、肉に包まれた人間と同じく、霊界の美が見えないことがあるのをご存じか。いま地上で、誠実に霊的な事を行えば、その帳《とばり》が上げられる、貴方はやがて、美の世界へ入って行く者となろう。

第五章　霊能

人はその創造の初め、ロゴス（神の言葉）の中心に置かれた。一切の真理はこの単純にして核心をなす思想の中にある。息を吹き込まれ、肉体をとり、神から離れ、己の自由意志に気付き、この自由意志をわがままな童児のように使い振る舞い、その結果、人は災いの沼の中に堕ちた。現に人は災いに満ち、今も悩みつづけている。しかも、人は神の心から決して切り離されていないのである。

もし、人が宇宙の神秘の中へと進みゆくなら、道は黙想の彼方へとつづき、内在の神のかすかなる声を聞くものとなる。永遠の神秘の一切は人間の内部にあるのだから。どんな書も人を教えることは出来ない、書物の中にあるのは心の刺戟だけだから。知恵は心から出る。それ故に「静寂を守り、己が神であることを知れ」

しかも、神を知るためには、人はいっそう沢山の生を生き、極限までも生きぬき、生を味わうものとならねばならない。そうでなくして、どうして人は神を知る者となり得よう。

それは最初は難しいことかもしれない。しかし、かように吾等は申しておきたい、人と喜びも悲しみも分かち合いなさい、人と共に泣き、人と共に笑い、人と一つにおなりなされ。人から学ぶことがいかに多いか、そのことに皆さんは驚くだろう。決して人間味を失ってはなりません。粗雑、粗野の下に美を見出そうとしなさい。常に現実の生の中に身を置き、自分ひとりよがりにならぬこと。貴方の友等と共に生きぬくことをしなさい。

人は自分の人生を選びとるもの

自分の苦しみは、必ずしも耐えなくてもいいのだと、そう思っている人達がいる。そういう者達は、状況が違ったら、もっとうまくやれるのだと、考えている。たとえば、もっと自由でもっと暇があったら、ずっとうまくやれるのにと。暇と金に恵まれた連中は、自分達とはまるで条件が違うのだと、こう弁解する。

しかし皆さん、人はすべて法の支配下にある。人はまさにその置かれている場が自分にふさわしいものであり、それは自分で選びとったものである。「冗談ではない、こんな人生を私は選んだ覚えはない」と、その人は言う。それは我《が》の声であって、本当の自我、つまり内在の霊は、本人に何が必要であるかを知っているものである。この神慮ともいうべき、人の人生航路を導く光のあることを、よく考えてみられよ。人生の一瞬たりとも、無駄でなく、間違ったものはない。人の経験、人生の目的、これらはすべて、魂の成長と内在の自己顕現のためにある。経験の下をよく掘り下げて、知恵と知を求めるなら、その進歩と自己顕現の速度は早まる。大切なことは、表面の出来事ではない。その境遇だとか富のあるなしではない。本人のその境遇への反応の仕方、隣人と神に対する自己のかかわり方、これである。人生航路の一つ一つは、その者が日々通過する悟りへの門である。

今日では、人間に大きな救いの手が向けられている。人間の魂は、彼方の世界からの力と光と愛の流入で、活力を受けている。大きな刺戟により人類は浄化されつつある。皆さんの中には、悟りの経験をした人達がいて、次のことに気付いている。悟りは意識の拡大をもたらし、未来を見る目を与え、霊との調和で生きる気持をすすめ、その結果魂が天界に入る時間が早まると。

しかし、一般の人達は、霊的世界が自分達の生活の中に滲透していることに気付いていない。厚い壁が人間の目をふさいでいて、霊的なものが全く見えず、単に五官に触れる世界を、意識しているだけである。

霊視

人間はいわば、肉体に閉じ込められた囚人である。だが肉体の内部には、肉体に滲透して、ある精妙な生命の構造が存在する。前にも話したとおり、人間は七層から成り立っている。その一つはエーテル体である。エーテル体の外形は肉体の生き写しだが、その素材はずっと精妙であって、肉眼では見えない。エーテル体は肉体の全身を覆い、滲透している。これは二様の部分から成り立っている。即ち素なる部分と、更に精妙な部分と。またエーテル体は神経組織を通じて作用する。死とともに、全エーテル体は抜け出すが、物質に近い素雑な部分の方は、肉体の消滅とともに消滅する。

肉体生活中は、このエーテル体は、本人の魂と他界との橋の役目をする。この橋を渡り、更には霊媒の神経組織と活力体を経過しつつ、他界の霊魂と地上との通信が行われる。通信の型は、霊媒の個性、霊媒の境遇、その時の霊媒の状況、また通信を受ける列席者の精神的肉体的な状態によって違ってくる。

このエーテル体に滲透して、更に精妙なエーテル的媒体がある。これを光体ないし活力体と呼んでいる。これは肉体とエーテル体に滲透しているだけでなく、上級の直観の媒体である精神体、及び天上体にも同じく滲透している。このように各媒体には連繋があり、神性の霊光はこれら媒体を通して下降し、ついには脳や神経組織と接続している下層エーテル体に至るのである。

一般に霊視を語る時は、普通よく起こる霊視現象のことを言っている。だが、そこには霊視の性質についての誤解が多分にある。一部の人のエーテル体は、肉体とのつながりが緊密でなくて、脱け易い状態になっている。また、エーテル的世界は現界に近く、多数の霊魂にとっては、物質くらいに鈍重に思える程である。そこで、エーテル体はその影を記録し、地上の方へそれを反映させることになる。気ままな霊視現象を起こす人の場合は、その影が太陽神経叢に反映されて生起するのである。動物の霊視もこの同じ原理で起こる。昔、人類が物質的でなかった時代は、同じ原理で霊視が日常おこることが多かった。

通常の人達の肉体は霊的なものに鈍感にできている。エーテル体は肉体に入り込んで掛金をかけられた具合いで、封印されている。そのため、霊については一向にチンプンカンプンである。

しかし、先程申したような一部の人達は、エーテル体が肉体に密着しておらず、容易に脱け出せる具合いになっているので、そのため気ままな霊視現象が起こり、また憑依現象も起こったりする。この種の低いエーテル層の霊視と、修練によってエーテル体のチャクラを正しく使えるようになった霊視とでは、同じ霊視でも雲泥の差がある。この相違について述べることにする。

静かな湖畔に立って、水に映る木々や空の姿を見なさい。その姿の美しさ！しかし、水面が波立てば、この姿は壊れてしまう。結局、これは影・反映にすぎない、光と色のつくり出した戯れである。では、目を移して本当の木々や空を見なさい。これは鮮やかで安定感があり、見た目にも真実である。霊視の場合における相違がお分かりかな。気ままな霊視の場合は、修練なしの自己統制のきかない、エーテル体に映った影である。修練を経た知的な霊視の場合は、上級霊界からの光ないし生命の受信である。

薬品の中には、肉体からエーテル体を解放できるものがある。酒類の場合も同様で、これはエーテル体をよからぬ所へ送りこんだりする。アルコール中毒患者がたわ言をしゃべるのは、この患者のエーテル体が、幽界下層の風景や状況を、そのまま記録しつつあるわけである。麻酔剤も同様に、エーテル体を肉体から解き放つ。時には意識がはっきりしている場合もある。しかし、それはうわついた状態であって、麻酔からさめた後、記憶には何も残らない。

エーテル体と心霊力の中枢（チャクラ）との間にはつながりがある。その心霊力中枢とは頭・喉・心臓・脾臓・太陽神経叢・背骨の基底部などである。薬学者なら、これらが神経組織の諸中心であることが分かるだろう。これら諸中枢は、また霊的な諸境域ともつながりをもっている。これらは花びらをもつ花のようである。もし人が霊智を開発していくなら、この花に似た心霊中枢も成長をみせる。それはぐるぐる廻転し、生命と光をもち、美しい色を放射する。貴方の守護霊や助力霊は、これから発する波動や光や力を見て、すぐに貴方を見分ける。

皆さんの中には、前生でこの心霊中枢を目覚めさせている人達がいる。こういう人達が再生すると、その心霊中枢からは光が放たれており、その光によってエーテル体の織目はゆるみ、いわゆる天性の霊媒とか、霊視能力者とか言われる能力を発揮するものである。従って、真の霊能力者とは、心霊中枢の使い方を生まれつき知っている人達のことで、それ故に、彼等は偉大な仕事をしばしば遂行できるのである。

皆さんは、いそいでこの心霊中枢の開発にとりかからぬように。と申すのは、そのためには、いま吾等が皆さんに伝えている以上の、はるかに多くの知識が必要なのである。もし意志と知をもって、この諸中枢を発動させるなら、この諸中枢からは光が発しはじめる。通常、先ず肉体外の事物に反応を示すのは、太陽神経叢にある心霊中枢である。その場合、人は「何も見えたり聞こえたりはしないが、何かを知覚する」と言う。この「知覚する」とはどういうことかと考えてみても、一向に分からない。しかし、よくよく生起した事実を思いめぐらしてみると、太陽神経叢が奇妙な感じを受けたことが判る。つまり、感じとして「知覚」するのである。

次に働くのは眉中枢である。これは第三の目と呼ばれたりするが、吾々は「眉チャクラ」と申しておこう。これは意志と霊的自我の指示に従い、整然と作用し、霊媒に霊界の状況を知覚させる。真の霊視というのは、肉眼でものを見ているのではない。霊視とは自己の内部を見ているのである。自分では外界を見ているように思えるが、実際は、自己内部のかの花の形をした心霊中枢、即ちチャクラの中をのぞき込んでいるのである。それ故に、目は閉じたままで霊視ができる。実際その方がよく見えるのである。成程、だがそれでは想像にすぎないではないかと、皆さんは思うだろう。だが想像とは随分あいまいな言葉で、想像は真の霊的視力への入口なのである。

作用するのは、眉チャクラと太陽神経叢の二つだけだと思ってはいけない。更に直観界、天上界に接触する時は、眉チャクラだけで見るのではなく、全存在が見えるのである。この境に至れば、真実の霊の世界を記録し反映しているのである。聖なる愛を通じて、心臓の心霊中枢が鼓動を始め、美麗きわまる光と色を放射する。こうしてその人は真理を知る者となり、純粋な真理の通路となる。

霊聴

誰しも、訓練によって、あるていどは霊聴者になれる。霊聴も、先に述べた霊視と同じ法則に従っている。

新生児が最初にもつ感覚は聴覚である。次が触覚、その次が視覚。このことを心得ておかれよ。霊能の開発もこれと同様だからである。古代の錬金術の諺にこう申している「天に似て地は在り、地に似て天は在り」と。また経験によっても、これが真理であることを教えてくれる、世間的な意味でも、また秘教的な意味でも。

直接談話現象の声を聞く場合、多数の者達は、これは純粋なナマの霊からの通信を受け取っていると思う。霊媒の器官を全然使用していないからである。だがこれは間違いである。なるほど聞こえる声は、見たところでは肉体とのつながりは何もない。しかし事実は、霊媒のエーテル体の喉と声帯を使用しているのである。たしかに直接談話の声は耳に聞こえ、肉体の喉は使用されていないが、発声のためには霊媒のエーテル体が必要なのである。従って、あるていど霊媒の精神の色が付けられるのである。

上記の場合は、霊媒の喉の心霊中枢が使用されている。さてこの喉中枢は、直接に霊聴とつながりをもっている。これは瞑想で試みることが出来る。気持を喉中枢に集中すれば、声が聞こえてくる。互いに沈黙の力、即ち霊の静寂を学ぶに至れば、霊聴が高まることが分かって、びっくりすることだろう。

皆さんは霊の声を聞きたがっている。だが奇妙なことだが、いちばん本人が聞きたがっているのは、恐らく良心の声ではないだろうか。皆さんはその思いを、何かと理由をつけては押さえつけてしまう。しかし諸子よ、この声を聞くことの中にこそ、霊聴の真実の道が存在している。

皆さんが、内心の良心の声が聞こえるように我を殺して、自己に厳しくなればなるほど、皆さんは霊聴の道をすみやかに前進することになる。

皆さんは、自分が高い世界の波長に反応できる、反響板だとお考えなされ。心は沈黙の中の音を翻訳できるもの、その音とは清浄な霊の世界から届くもの、また高い幽界から訪れるもの。第一歩はこれに耳かたむけることである。この内在の声を怖れたり、無視したり、抑圧してはならぬ。お前は間違っているとその声が告げても、これを聞け。良心の声が聞けることを有難く思いなされ。その声を通じて、やがて人は天使の歌が聞ける真実の反響板を開発していくのである。

肉体の耳で霊的なものを聞くことが出来るのか、と皆さんは尋ねる。吾等はかように申しておく、皆さんは内在の喉、内在の頭をもって聞くのであると。この意味を皆さんに正確に伝えることは難しい。しかしその声、その音、その響きは、最後には地上の音より一層はっきり聞こえるようになる。肉体にありながら、高い世界の調べが明晰に聞こえるまで、意識を高めることは可能である。同じくこの地上にありながら、地上の雑音が全く耳に聞こえなくなることも可能である。

思想も現実に耳に聞こえるもの、皆さんには面白いと思われようが、生命の精神の段階では、思想も波動だからである。内的な世界では、幽界のあらゆる段階では、助力霊は自分の子弟の発した思想を直ちに受信する。皆さんの思想を皆さんの守護霊は実際に耳に聞くのである。

霊的な平和

地上に近いエーテル界が、恐るべき雑音で溢れているのをご存知か。貴方の受信器をエーテル界の放送局に合わせてみなさい。その混乱ぶりが想像できるかな。人間の思想というものは騒音を発する――音ではない騒音ですぞ。

波動が音とか音楽とか呼べるものがあるとすれば、それは調和に満ちた霊界のみである。たわごと、不調和、粗野で荒々しい世界を通り抜けて、上へ上へと霊界へと、もっと調和と優しさの世界へと、思いを向けなされ。そこに調和の境がある。その世界は雰囲気そのものが音楽、住人の着衣も、美しい調和とメロディーで振動している。

少しでもその美が分かって頂けるかな？　その聖音に同調できれば、力が湧いてこよう。これは肉体への贈り物にとどまらず、また魂の糧。皆さんの内に来てそれはとどまる。その音は地上で聞くより、鮮明に正確にひびき、その音を耳にすれば人は力が湧いてくる。そこにあるのは調和、純潔、そして愛である。

皆さんは霊的な放射光の中に包まれて生きている。この放射光と申すは、キリストのオーラから発する霊力のことである。さてこのキリストであるが（訳者注・ホワイト・イーグルの言うキリストとは太陽神霊のこと）、父母なる創造主から生まれたもので、すべての神の子等（訳者注・人類のこと）の歩む道を守り、浄化し、輝かせて下さる、その働きをしておいでである。皆さんは誰一人として、キリスト、つまり創造主の子の、生命を受けていない者はいない。人類は苦悩の中に悶え、暗黒の霊どもが災いをまきちらすので、無知な魂達はそのために苦しんでいる。その中にあって、よろしいか、皆さんは常に一つの通路である。キリスト神が皆さんを通り、人々に近づき、その闇を照らすための通路である。

この役割りとは、説法さえしていれば果たせるというものではない。自己の霊性の強化、これが肝心なことである。つまり聖なる心の成長と申すか、善意と平和の思いが心臓からほとばしり出ること、これが大切である。ただ闘いは悪だと思ってるだけではいけない。日々を穏やかな喜びと平和の思いですごすこと、また、辛い苦しみの中でも、落ち着いて安らいだ心で生きること、これが肝心である。昔、イエスが嵐を奇蹟によって静めたことを思い出してみなされ。あの時のガリラヤ湖とは、外界の出来事で心が波立っていた肉体を意味している。主はボートの中で眠っておられた。ボートとは人間の心のこと。この時主は立ち上がって嵐を静めた。この立ち上がって嵐を静めた者こそ主、支配者ではなかろうか。その者こそ平和、これである。

以上が吾等の言う平和、やすらぎの心で生きることである。人はキリストとのつながり、即ち、父母なる大神霊とつながっていることを、絶えず心にとめておかねばならぬ。キリスト神霊の天使らが運ぶ平和を身に感じられよ。平和とは消極的な状態と思ってはならぬ。深い平和の中に宇宙の創造力がある。沈黙の中に、力という言葉のもつ聖なる響きがある。愛と英知が活動的であるように、平和もまた活動的な力である。これら一切の霊的な属性は、力をはらんだもの、力とは魂と心の静寂なしでは到達できないもの。

第六章　他界での生活

霊の世界とは、人が死後に行く処、つまり天界のことと人々は思っている。だから、霊の世界とは、地上の外側にある世界ではなく、魂の中の意識の状態だと言われると、人はすぐにはこれが理解できないらしい。霊の世界に時間と空間はないとか、いやそうではなく、霊の世界では此処《ここ》から彼処《あそこ》へ、この境からあの境へと訪れると、聞かされたりする。それは地上をとり巻く世界であるとか、いや、それは内部にある世界だとか告げられる。いったい、これをどう考えたらよろしいのか。

心の中に目を移してみよう。目を閉じ、内に思いを向けてみよう。やがて内界に真実なものの姿が目に映って来よう。意識の世界と申すか、そのような世界に気付き、思いの向け方によって、それが変化していくことに、気付くであろう。美しい思いを抱けば、内に映る光は輝きを増す。醜悪な思いをもてば、内の世界はくすんでしまう。そのように、霊の世界とは、自分の魂の鏡の反映、そのようなものなのである。

また、別の例でお話ししてみよう。何人かの人が田園を歩いているとしよう、彼等の目には殆んど何も映らない。彼等の心が周囲に何の反応も示さないので、自然の美しさに気付かないのである。他の一人が同じ道を歩くとしよう。彼は生垣や野のさまや、小鳥の姿に、光と影のつくる綾に、ことごとに心を躍らせる。彼は肉眼でものを見ているだけではない、霊眼によってもものを見ているのである。第三の人が同じ道を歩くとしよう。彼がもし、現象の奥の霊的生命に、一層敏感になっているとすれば、彼の見る世界は一層変ったものとなっているのである。彼は一切の物質世界の美を目にするだけでなく、物体に差し入る生命の鼓動までも感じとっている。彼の魂は霊界を反映しているのである。

人間が肉体を去った時も、同様なことが起こる。ある人が物質に溺れきったまま死ねば、その同じ状況がつづく。つまり、他界しても、物質界と殆んど違わない濃厚な幽界に入るのである。彼じしんはそれで満足なのだが、美しさなどはみじんもそこにはない。第二の人はもっと目が見え、物の味わいの分かる人だとする。彼は一層美しい世界に入るのである。第三の人物、この人は霊的に進歩しており、心の目の見える人だとする。彼は素晴らしい霊界に入ることになる。

何度地上に再生してきても、上記のことは変らない。人が肉体を脱ぎ、幽体をまとうに至っても、よく地上経験を身につけ、人格の成長も十分でその魂に輝きが出て来なければ、決して霊界の美を見また其処に入るものとはならない。しかし、いつかはいずれの魂も、幽体を脱ぎ捨てる時が来る。重い鈍重なものから脱落していく——幽体、精神体と旅路はつづき、遂に清浄となった魂は天界へと入っていくのである。

なお、人は地上生活中に、人格の力と魂の偉大さをよく開発しておかなければ、天界に入ってからも、その視力と環境の点で、限界が出てくるものである。地上では、成功は知的な知識いかんにかかっている。しかしながら、他界での成功は、生命的経験や魂の知識の深さ、また高い波長にどれだけ感応できるか、これいかんにかかっている。これらの事は、その霊が器の大きさを増すこと、及び霊の謙虚さ、これによって達成される。これはその人の環境の問題ではない、その人の物質的な事情とか知力の問題ではない。ただ、愛とか忍耐とか同情とか、その人の心の問題である。換言すれば、心の器の大きさ、人格の美しさの問題である。

ここで、霊界の「場所」について一言しておきたい。皆さんは「しかし、霊界に場所があるとすれば、地球の外側のどこかに違いない。また貴方はこうもおっしゃった、それは内部にあると」、こう言われるだろう。

さて、皆さんに一番近い幽的物質は、物質の中に滲透している。もし霊が皆さんの家屋に入ったとすれば、現実の壁や家具は目に入らない、その幽体ないしエーテル体が見えるだけである。それは、霊とは第三次元で生きていないからである。霊にとって物質は存在していないのと同じこと、存在しているのは幽的物質のみ、霊の目に見えるのはそれである。これは風景の場合も同じ、霊に意識されるのは風景の幽体の部分である。

物体はすべて幽体をもっている。霊にとり、その目に映るすべてのものには、明るさと透明感とがある。皆さんの霊友達の家は、皆さんの家に重なっているといえるほど、身近に存在している。そこに空間というものは存在しない。霊のすべての境域は互いに滲透し合っているのである。これすべて波長の問題である。貴方の目に幽界が見えるか、霊界が見えるか、それは貴方の発動する波長の能力いかんによる。貴方は死ななければ、内的世界に入って行けないということはない。

「死後の世界では、何を食べていますか。食べることが出来るのですか。いったいどんな生活をしているのですか。」など、いろいろ質問されることが多い。左様、幽界には美事なおいしい果実がある、そこの住人達はこれを摘み取ったりする。また、望む食物なら何でも手に入れられる。しかし、高い境域では食欲は消えてしまう。但し、皆さんに理解して貰いたいことは、霊の世界とはいえ、それは堅固で実体をもったものである。そこの住者達は食事を楽しむことだって出来る――但し、それを望むならだが。彼等は実に美味しい食物を食べ、ブドウ酒に相応する飲物を飲むことも出来る。但し、それは霊的実質である。あちらの世界での飲食物はすべて、その本質が霊的である。

それは霊の世界に住んでいるから、そういうことになる。しかしながら、その真実さにおいては、地上の食物が皆さんに実体をもつのとまさに同様である。高い境域の霊達は、思いのままに実に美しい柔かい素材の衣類を身にまとっている。そのような美しいものは地上には存在していない。我々がこのように申しているのは、霊の世界の生活が地上と同様に実体をもっていること、但し、美しさにおいては比を絶しているということ、これを伝えたいためである。

また時には、次のように質問されることもある、「霊の世界でも年をとりますか。私達は老人の霊を見ることがありますが、それは何故でしょうか」と。幽界に年齢は存在しない、成熟の時があるのみである。熟年に見える人がいても、老衰のためではない。その者は常に生命に満ちており、健康、健全である。霊は望みのままに外容を変えることが出来る。そこで、地上を訪れる時は死ぬ直前の姿で出現することが多い。それは自分であることを判って貰うためである。さて幽界に戻って来ると、再び立派な本来の自分にかえる。地上の皆さんはいろいろ違った衣類をもちたがる。我々の衣類はただ一着、但しそれは意のままにさまざまに変化する衣裳なのである。

たとえば、白衣でターバンを巻いて、東洋人の姿をとることもある。また、羽の冠を着けたアトランティス人の姿をしたりする。あるいは、鷹の羽の冠をかぶって、アメリカ・インデアンの姿をとったりすることもある。時には、思いのままに古代エジプト僧侶のような姿をすることもある。皆さんも同じ姿をすることも出来よう。貴方がいま何であろうと、これまでにどんな前生を送ったにしろ、その時の姿をすることは、これは別に何と申すこともない。依然として貴方は貴方である。貴方はその衣装にピタリ。また衣装も貴方にピタリ。

霊の世界の建物は美しい。科学者のためには大きな研究所がある。天文学者のためには、すばらしい観測所がある。音楽愛好家のためには音楽堂があり、園芸家のためには、えもいえぬ美しい庭園がある。他界では、考えうる限りの望みや願いを満たすに足るものがそろっている。空のはるかな彼方には、霊の生活をさえぎる何ものもない。

生と死を別個のものと考えてはいけない。此処とか彼岸という考えは禁物、永遠の生命、そう考えることである。つまり、生命とは永遠の現在、これを知ることが肝心なのである。貴方の伴侶が死ぬと、魂の世界、内的世界へと入っていく。それと共に、肉体につきものの重苦しさ、倦怠感、やりきれなさ、そういう感覚が失くなってしまうのである。地上では、ただ日常の生活の糧のためだけに、せっせと働かねばならぬ人が多い。彼等は金もうけのためには、正しくないことでもやらねばならないのである。こういう人達が死ぬと、もうこんな金もうけはしなくてもよい、好きな仕事に没頭できるのである。いろいろな制約、多くの恐怖の一切から自由になって働けること、もう好きな仕事のためだけに働けばよいということ、これが一体どういうことか考えてみなさい。死後の状態とはこれである。彼等は四六時中活動をつづける。そこには焦りもなければ、いらだちも一切ない。その仕事とは、魂の表現これである。彼等は好きなことのためだけに働いているのである。そこには安らぎがあり、平和があり、愛がある。

生命である霊

若い日が過ぎていけば悲しくもなろう。しかし、ご承知のとおり年齢とは真実のものではない。年をとれば心労が増す、白髪が増える、病気にもなり易くなる、そういう考え方を改めて貰いたい。それは真実でないからだ。断固として恐怖と弱気を捨てなさい。自らの内に深く目を向け、そこに力を

――それは地上の、肉体の力ではない――年齢も病気も悲しみも恐れも知らない力と生命を、永遠の希望をそこに発見しなさい。人はこの内在の霊である生命の成長と発現に努めねばならない。

皆さん、生きとし生けるものの目的は進化と成長である。生命の精とは霊である。霊はこのように申しておる――人とは、朝、日が昇るごとく確実に、永遠の生命であると。皆さんは、吾々からも何の証しを期待する必要はない。貴方さえ自己に真実であるなら、世の騒音を超えて、一つの声が聞こえる「私は生命、私は不滅、死はどこにもない」と。

只今より、内在の霊が、恐怖も疑念も超えてあるように。世間には、霊媒から死後生存の証拠を受け取っている者が多い。霊魂から死後も生命は続きますと伝えられるだけでは十分でない。体験が必要なのである。真理というものは内的なものだ。外部から来るものではない。霊性の進化が大事なのであって、進化につれ、日々時々刻々、貴方の確信は増していく、生命とは拡がるもの、進化するもの、無限のものと。

皆さんは言う「耳にタコが出来るほどそれは聞きました。しかし、人間の心は証拠を欲しがるのです」と。内在の霊、この真実の我《が》が目を開く時、人の心はその求める証拠を手に出来るもの。この真我こそ心よりも大なるものであるから。この時、人は物質的な心の牢獄を出る、日々その生活を通じて、霊のいのちをその心に感じとる者となる。霊は年をとることはない。霊は病むことを知らず、霊は髪に霜を置くことを知らず、霊は不滅の生命である。

ある種の人の中には、美と申すか、真実と申すか、純粋さと申すか、何ともいえぬ雰囲気をもっている人がいる。このような人には年齢というものがない。そこにあるのは、年齢の制約をとび越えた力をもつに至った霊光、それである。このような魂が霊界に入れば、その生活は清朗で調和に満ちたものとなる。其処では時間など気にしないですむ仕事ばかり、霊の世界に時間などは存在しないからである。吾々は地上と霊界とが違ったものとは思っていない、両者の間には密接な関係が存在しているから。霊界ではすべての魂が天界への道を辿る、どの魂もその機会をもたぬものはない。しかし誰も統制されはしない、花が開くように、魂は進化の過程を辿るのである。

個人的な愛と聖愛

霊性進化の基本は愛である。吾々は誰しも愛し愛されることを好む。それは自然であり、人生を楽しく心地よくするものである。しかしながら、人を愛したことのない者が、愛を知ることは少ない。かつてイエスもこう申された「目の前の兄弟を愛さぬ者に、どうして未だ見ぬ神を愛することが出来ようか」と。

しかし愛とは申せ、情愛とか好きとかいうものは、余りに個人にかたよってしまうことがある。これでも愛はよろしいかというと、その愛が真実の愛の入口の役をするのならば、よろしいとしよう。

愛の源を知るには、吾等は人間性の裏へ目を向け、世間一般の生活のあり方まで考えてみねばなるまい。吾々が真の愛に達すれば、そこには何の分離も存在しない。つまり真の愛にあれば、神の子等は一つとなり、誰一人他から分離しているものは存在しないから。しかしこれは難しいことである。と申すのは、皆さんはかように主張するから、つまり、人間の生活では愛というものは個人に向けられるものであると。夫とか妻、子供、友人、恋人達、これら身近のいとしい者達にこそ、一番強い愛が感じられるのであると。またこのような愛は、他者に向けられる愛とは異質のものであると。

皆さんは身近のいとしい者達にこそ、心の通じ合うものを、親しさや喜びを覚えるだろう。それが普通のこと一般の気持であろう。と申すのは、これらの者達は、皆さんの身体のために役立つこともあり、心を慰めてくれるものがあるから。また、これらと別れることは大変な痛手でもあるから。しかし、ひとたび皆さんが霊界の友等との交流を得、霊の愛情に接し、愛の全容に触れるに至れば、個人の愛に等しい愛が全人類の中に感じられること、また存在することに気付くであろう。

個々の魂の中に、神の生命がこもっている。この生命こそ万人に等しくあるもので、この生命のゆえに人は愛という情を感じるのである。故に愛の意味を知るには、皆さんはすべての人の中にこの神愛を見出さねばならぬ。また愛を一人だけに限るという過ちを犯してはならぬ。しかし、これは逆説と思うかもしれない。人は個人を愛することを通じて、神愛に触れるのであり、外に道はなく、またこの道を通らねば、人が真実の愛を知るには至らぬのであるから。

ただ吾等は、個々の魂の内に輝く光を見ている、それは深い真実の愛である。但しそれは個人を愛しているのではなく、その人を通じて輝く愛を愛しているのである。どんな師もいやしくも一人を愛せよとは申すまい。主イエスも弟子達にこの真理をいつも申されたではないか、「私が語る言葉は、私が語るのでなく、私の内なる神が語り給うのである」と。人間の中の神の火花が、人間に神の存在を感じさせるのである。

吾等の人生の態度

再び、実際問題にかえるとしよう。どうしたら吾等は良い世界を創り出せるか。それはですな、皆さんが心魂をつくして、人類に対し、また一人一人に対し、親切であろうと決意すること——唯この一事その他に何があろう——さすれば、驚くほどの平和が生まれることに、皆さんは一驚しよう。

単純きわまる道ですな「親切であれ」。単純ではあるが、しかと心に銘ずることです。新年が来れば、人は新しい年に目を向け、新しい決意をする。しかし、たちまちそれはどこかへ吹き飛んでしまう。実行は中々に難しいものだから。誰しも思うように、皆さんは奉仕やら人生の活用やら、それ以上のことをやろうと考えてしまう。人というものは、未だせねばならぬ仕事がある間は、他界するものではない。従って、皆さんが本日、神の忠誠なる僕《しもべ》たらんと決意するなら、吾等は皆さんにもう一度新しい第一歩を与えよう。

親切であれ……互いに親切であれ。

この単純な言葉をよくそしゃくしてみなさい。いかに吾等は親切とは程遠い仕草をしているか、驚くばかりである。心は尊大なもので、次のようにつぶやく「私にはもの申す権利がある。あの男は、あの女は、間違っている」などと。しかしですな、間違っているのは自分かもしれませんね。

かりに、人が貴方に害を加えても、どうぞものの見方を変えて頂きたい。どんな場合も、どんなにその害が痛くても、人生には何の害もないのである。

貴方は自分のカルマ（業）を辿っているにすぎないのである。つまり、自分の播いたものを刈り取る、これなくして、人は人生から価値あるものを学びとる道はほかにないのである。もし貴方がその痛みに感謝し、学びえた教訓を大切に思うなら、人生に大きな一歩を印すものとなる。吾等の教えがどんなに難しく思われても、他界に入った時、一切の事情が貴方にこう教えてくれる、「神さま、皆さん、本当に有難うございました」と。

この故に、吾等は、皆さんが人生に処する態度を正されることを望む、何事においても親切であれ、その思想、その言葉、この行為において。もし貴方に、万事を嘉しとする姿勢がとれないのなら、批判はお止めなされ。これは主の言葉である。また、偉大な魂は皆そう申された。人類の山頂に立った魂も、浄化の限りをつくされた霊師達も、皆そのように申された。永遠の真理というものは、年を経ても変るものではない。

希望を皆さんにお渡しする。人生に怖れるものは何もない、怖れることの外に。怖れを捨てて、希望をもって前途を見なさい。それも心中のぼんやりした希望ではなく、心臓の鼓動高鳴る希望、即ちすべてを嘉しと貴方に語りかけてくる確かな希望を。更にはまた、神は愛である。死は別離ではなく、人の進歩の道は無窮に終ることはないと、貴方に語りかけてくる希望を。もし、いとしい子供や伴侶が亡くなっても、その不在を怖れてはならぬ。いま貴方はその愛する者の方へ行くことも出来る。その者はこの地上にいる貴方を導いたり、また貴方と共にいることも出来る。愛する魂を引き裂くものは、人間の唯物主義のみ、死は人を引き離せるものではない。

されば、吾等はかように祈ります、すべての人が希望の火で燃えたちますよう、霊性の進化に決意を新たにされるよう、永遠の真理を更に知る者となりますように、と。そうなった暁には、皆さんはもはや一切の病気と貧困を知らぬものとなる。何となれば、皆さんは神と一つ、神の愛と一体、それ故にこそ、皆さんはその内部に生命の必要な一切を満たすものとなるからである。

第七章　心臓にある心・再生の記憶

心の内奥の静寂の境こそ、一切の真理の在所。霊師は貴方の心臓の内奥の心を通じて教示を伝える、知性を通じてではない。もし、イエスの次の言葉に思いを致せば、このことわりがよく理解できよう、即ち「幼児のようでなければ、天国に入ることは出来ない。」幼児のようになるとは、意識を頭からハートに移すことである。

通常、人は頭でものを考える。いまも脳で貴方は本を読むように吾々の言葉を受け取っている。だから、人は信頼できる真理の判断は知性でするものだと、間違った考えをもちがちだ。実際に脳は、人間の霊的成長の上で、大事な役割をうけもっている。しかしながら、心が心臓にあることを忘れてはいけない。心臓というものは、今日の医学ではなお分からない、多くの秘密をもった驚くべき器官なのである。心臓にはエーテル心臓がある、これは身体の成長、生と死に重大なかかわりをもっている。また心臓には霊的心臓がある、これを吾々は心臓チャクラ、心臓中枢と呼んでいる。これこそ神霊の光、宝石である。

人間は西欧の唯物主義によって多くを失った。その知力の進歩によって、魂を失ったのである。過度の知的活動のゆえに、何か災難でもない限り、心が無視されてしまうのである。あくことを知らぬ知力は、人間の心の痛みをやわらげるすべを知らず、悲しみや淋しさを慰めることも出来ない。

人間の心の空白を埋めてくれるものは唯一つ、それは山頂から人間の心に射し込む光、心の目を開き道を照らす真理を運んでくる光。これによって、人はその悲しみの心に希望と喜びを見出す。この「至楽の木の中なる珠玉」、この小さなる尊い種子。それは芽を吹き成長していくもの。このゆえに、吾等は常にかように申しておる、もし真実の光が欲しければ、瞑想をなされ、これが肝要と。書物もけっこう、比較宗教を学ぶのもけっこう、知能訓練も悪かろう筈がない。しかしながらこれらは、内的光が与えるものを少しも与えることは出来ない。知能の陶冶《とうや》も、内在の光に導かれてこそ、正しい知性に進むことが出来る。しかし、何度も繰返すようであるが、魂にとり肝心かなめのことは、心臓の内奥にある心を発現すること、つまり、神の真正の光、神の子である内在の光、これの開顕である。「幼児が汝等を導くであろう」……これぞキリスト神霊、心臓のうちにひそむ神の子である。

その故に、知をのさばらしてはならぬ。常に外的事象の背後にある永遠の生命と一つになることにつとめなされ。神の宇宙の輝きに心して思いを向けよう、されば、心は生き生きとなるものである。とりとめもない些事で低級な心を充たしてはならぬ。たくみにそれは処理なされよ、同時に、心を美しく、楽しく、心やわらげるものの上に向けて思いを深めなさい。心に問いかけなさい、自分がいちばん同胞に尽くせることは何かと。心は答えてくれよう、同胞の立場に立ってみれば分かると。人間は、神の大宇宙の一部なのである、このことを忘れてはならぬ。されば、心臓中枢を目覚めさせること、愛を放射すること、魂の内に大いなる火を燃えたたせること。自分のためには生きてはならぬ、自分の栄光を求めてはならぬ。人々のために奉仕をしなされ、病者を癒し、悲しむ者に慰めを、飢えた人には食を与えなされ。宗教とは地上における現実の奉仕、このことである。

人間ひとりひとりは、それじしん、一個の宇宙である。その宇宙の中心すなわち太陽とは、心臓である。脳ではない。太陽系の中心が太陽であるように、貴方の宇宙の中心は貴方の心臓なのである。太陽の中の霊に当るものがキリスト神光である。キリスト神光が心臓で目覚める時、心は生き生きと活動を始める。太陽が天体全体を統御しているように、キリスト神光は太陽と心臓を統御しており、各人の運命を、全人類の運命を支配している。フリーメーソンの集会場に主長があってこれを統御しているように、心臓にも主長があって、人間の宮居を統御している。しかし、もしこの主長の統御の力が弱ければ、またこの主を圧倒するような悪者が現れれば、混乱と病気と不幸とが起こる。されば光は衰え、それとともに、喜びも、幸福も、知恵も、美も色あせる。

主長、即ち内在の太陽が心臓を支配していねばならぬ。指の一本ずつ、器官の一つ一つすべてを統御していねばならぬ。これにより完全な調和と完全な健康が得られる。その心臓が冷えて死んでいては、人は輝きと力を失い、人間らしい温度を喪失する。人間は自ら思うように、自分がつくられていくものなのである。

再生の輪

心臓中枢には、過去の幾多の地上出生によってつくられた種子原子が存在している。その種子の中には、過去の生活、失敗、成功、また過去の性格まで（これは現に魂の中ににじみ出ている）が込められている。人間は心臓内在のキリスト即ち光を知覚していくにつれて、その知力がよみがえって、過去生の記憶が戻ってくる。これら記憶は心臓の心に湧き上がり、脳に記録される。

再生の法については、多種の意見や戸惑いがある。一部の人は、肉体をとって再生することに抵抗を示し、反対する。すなわち肉体生活を終えて光明の世界へと入った者が、何故にもう一度現界に戻らねばならぬのか、このところが理解できないのである。彼等は言う、この法には何の理由も、何の道理もない、神が全知にして全き愛であるという観念とは、一致しないではないかと。

彼等によれば、愛する友が他界していて、時折すばらしい他界からの通信をもたらしてくれる、この友が何故に、もう一度この悲しみの地上に戻って来ねばならないのか、どう考えても腑《ふ》におちないのである。そんなことは無意味である。既にその魂が天界の光明を多分に吸収していたとする、それなのにもう一度低級な、恐らく性に合わぬ地上の環境の中に戻らされるなど、とうてい合点がいかぬのである。それは愛と進歩の神の秩序に反するものでである。

再生は大きな問題である。現在流布している見解は未熟で、実際とは甚だ違ったものである。再生の法がはっきり分かるようにならねば、生命の更に深い問題は一向に分からぬであろう。また、いくら神は善である愛である全知であると信じていても、再生が分からねば、生命の正義については、何も分かりようがないのである。生命とは生成進化である。地上生命の全目的は霊的進化、そこに宇宙的課題がある。そのことは魂の進化過程のすべてを知り得て、初めて答えが得られる。人間は有限の心の中に閉じ込められている。だから時間について、真実の概念をもつことが出来ない。人は七十年を、いや一世紀ともなれば、永い時間と思う。しかしその真相は一瞬間である。人間は地上生命を、全生命で見ることをしない。この故に、一回の地上人生が束の間であることに、思いが至らぬのである。

先ず、人生を七十年、一度きりと考えてみよう。次に、ごく普通の人の人生と、偉大な教師・導師たち、いわゆる神人達の人生と比べてみよう。両者の差をとくと胸に手を当てて考えてみられよ。貴方の魂が今どんなものか、貴方は理想に到達できたか、とくと考えてみられよ。貴方はたしかに人間、しかしまた神性。人生の目的は神性の顕現にあり、神人となるところにあり。事実、創造の目的は、すべての神の子等のキリスト神性への進化、ここのところである。「あの人の魂は古い」そういう言葉をしばしば耳にする。しかし、その魂はどのようにして英知と力と輝きを獲得できたのか。それこそ地上生活の修練の賜ものである。修練によって人は進歩成長する。神の命じ給う最高の修練とは、日常生活、日常の仕事、これである。

このようにしてどの魂も日夜努力を重ねる。だが皆さんはこう言う、「それはそのとおりだろう。しかし、魂は他界に入って、更に大きな進歩の機会をもつのではないか」と。ある程度まではそのとおりである。しかし、思ってもみられよ、他界には時空の制約、物的生活の制約がない。故に、地上と同じ性質の修練はあり得ないのである。しかるが故に、再生の目的は修練にある。悲しみをけなげにも耐え、謙遜な思いで事を成し遂げ、他者と幸福を分かち合う、これにより人は鍛えられるのである。

魂の本当のふる里は天界、美と祝福の地にある。しかし、地上経験をもたぬ若い魂達は、子宮の中の胎児と結合される。つまり手足を使ったり、歩いたり動いたりすることを学ばねばならないのである。これら子供たちこそもとは神々、新しく生まれ出る者達。神は物質界を、これら子等がもてる能力を発揮するための修練の場として、考案されたのである。

種子は地中の闇の中に植えられて、初めてその花を完全に開くことが出来る。吾等は人間の地上生活をかようなものと考えている。先ず、神はみ心の中に花の原型、つまり完全な花の姿を描き給うた。次いで、この種子が地中に植えられ、その花を開く。貴方もかようなものである。貴方は光を花開くために、肉体をとって大地に植えられた種子である。こうして貴方は完全な神の息子、神の娘となる。神は始源においてその御心の中に、完全な神人の原型を描き給うたのである。

大我

先ず、人間の魂とは何かを考えてみよう。それは常識では人格と思われているが、実はそれ以上のもの。その在所は天界、そしてその内には、過去の幾多の地上生活の経験が集められている。個人とは、この大我である魂のほんの一小部分を代表するもの。一つの人格とは、大なり小なり大我である魂とのつながりの中で生きているのであって、望めばこの大我から吸収することも出来る。

過去の神秘学派では、新入りの信者に対し、石工の例をもってこれが教えられた。魂とは天界にある寺院である。一度の受肉は一個の粗い切石である。地上経験によって粗が磨かれ、寺院の構造の中に置かれる。寺院建築においては、ずさんな仕事は許されない。一個の歪んだ石塊があれば、全建築が崩れるのである。

人間は自己自身を刻まねばならぬ——古代の石工達が「粗い切石」と名付けた自我を。ノミと槌と鉄槌をもって、粗い生まれたままの切石を刻まねばならぬ、神が地から天へと持ち上げ給う寺院にふさわしい一片の石となるために。人間とは、日毎夜毎、自己を刻む者。一日も自己に印しを付けぬ日はなしと、こう知った時、初めて己の心と感情を統制する者となるのである。

人間は天界に在る魂の所有者、その魂の内に、人生航路を導く種子が、すなわち霊、神性が宿されているのである。「神は人生を創り給う」と吾等が言うのは、この意味である。人間の心を高処《たかみ》へと駆りたて、時には低級な心や我がままに抵抗する「あれ」は、この人間に内在する神である。魂の道を創って行き、幾多の地上経験を重ねさせる「それ」は、この霊、神の火花である。魂の一部は受肉して地上に下って行く。その度に、天に在る大我の進化成長に役立つ経験を吸収してくる。だから、貴方の進歩成長は即ち大我への貢献である。貴方が再生を重ねつつ地上で苦闘する、それにつれ貴方は美しい魂を建設しつつあるのである。

人間とは単に顕幽二つの界を行きつ戻りつするものではない、再生とはもっと大きな意味をもっている。貴方の大我の中では、絶えず神的意義が成長しつつある。この広大な観念をおもちなされ。貴方が深い悩みにある時、また困り切っている時、ふと大我からの閃きによって不可能と思われていたことが達成できることがある。また、一瞬の閃光によって、怯者が勇者となり、利己主義者が無私に変わることもある。人間とは真実の自己である大我と結び付くことの出来るもの、この人間の潜在能力を人は知らない。

皆さん、人を裁く誤りを犯してはいけませんぞ。人を見て「馬鹿な、出来そこない」などと言ってはなりません。貴方は自分の言っている本当の意味が分かっていない。本当の意味とは、未熟な人は天界にあっては純潔と美を秘めた魂、そういうことである。人は人を裁くことは出来ない。

なぜ思い出せないのか

再生の証明がお出来になるかと、皆さんは吾等に求められよう。吾等の答えは、霊的なことは霊的な方法でしか証明できないということ。再生を証明することは、まず不可能（その明白な実例は数多く存在するのだが）。しかし、皆さんは直観によって、はっきりそれを知る時が来よう、皆さん自身の経験の結果としてである。

人間が神秘の知に至り得る唯一つの道は、愛と無私、これである。心は進歩するものであって、その心がひとりでに真理を握るということはあり得ない。知が開ける前に、先ず心の陶冶が必要である。人は万巻の書を読んで真理を知ろうとする。しかし、真理の富は霊の中にある。従って、真理は自力で発見するもの、誰ひとり貴方に真理を与えてくれる者はいない。貴方が本当に再生を知りたいと思うなら、内在の人間、つまり貴方の深奥の自我を知るようにならねばならない。その深奥の自我に貴方がひたと向き合えるようになれば、もう貴方は証拠が欲しいなどと思わなくなる。魂の進化の足どりが判るからである。

皆さんは、なぜ過去生が思い出せないのかといぶかしがる。しかしですな、貴方は二歳・三歳・四歳の頃が思い出せますかな。何百年、何千年の昔がどうして思い起こせよう。記憶は肉体の脳にあるのではない、また幽体や霊体にもない。しかしながら、貴方が、吾等の寺院と呼んでいる「原因体」という高級媒体を使えるようになれば、貴方の視界は開かれ、記憶がよみがえってくる。その訳は、過去一切の貯蔵庫がある天上心、それに貴方が触れることになるからである。

それぞれの受肉の間隔はどれ程だろうか。それについて厳密な確たる方式をしくわけにはいかない。二十四年、三十四年、あるいは五十四年と言っても、それは正しくない。また、肉体を出たらすぐ次の肉体に宿ると申しても、正しくない。かと申して、二つの再生の間隔期間は数千年と申しても、これまた真相を語ったことにはならぬ。個人によりみな相違している。但し、特殊の目的がある場合は、急速に再生することがあり得る。

皆さんのお尋ねはかようであろう、魂が肉体に宿るのはいつか、出生の時か、その前かと。吾等は、魂は年齢と共に漸次身体に融け込んでいくと、かように申したい。おおむね二十一歳頃、魂は完全に肉体に定着する。どうも吾等は、時間にとらわれるのは好まぬのだが。魂が母体に接触を始めるのは、受胎以前のことである。

次にかように尋ねたいであろう、魂が新しい肉体に宿って退行・つまり後戻りするのは如何なものかと。その答えはこうである、もし人が何か美しいものを道に落としたら、踵《きびす》を返して探すことがよろしい事であると。さて、これが退行ですかな。但し、こう念を押しておきたい、一つの魂に、他の魂の批判は出来ないと。他を裁けばそれじしん罪を犯すことである。

また次の質問はこうですな。私達は同じ家族に再生するのか、もしそうなら同じ両親、同じ子供を繰返すことになるがと。そうではない。しかしながら、同一家族の成員達は引き合う傾向がある。実際、同じ兄と妹、父と子、夫と妻、そういう縁というものがよくある。皆さんは宿縁によって家族となり友人となっている。この家族、友人によって、進化過程を辿って行く。この宿縁、この道筋で、人は前途に愛、また幸福、それを見出すことになるのである。あるいはまた、争い、憎悪を。しかし、これを愛に変える、そこに人の仕事が存在するのである。

人が生まれるということは、その生まれた場に深くかかわらねばならないということである。これは法である。人は現実の生活に、彼が最もプラスを与え得る場所に置かれる。この地上生活から、彼は栄養分を得、またこれを与える。

吾等はこの再生の真理を、気の進まぬ人達に押し付けるつもりはない。しかし、再生、生と死の繰り返し、これは法である。それを人が信じようが、信じまいが、同じことである。多少の奇異を申せば、次のような人がいることである。つまり、死後の生存を信じない、再生も因果律も認めない、かように言うことで、この法は無いものとしている人達のことである。

しかしですな、人間には自由意志があることを強調しておく。人間は強要も強制もされない、天界から引きずり下ろされたり、無理やりに地上へ投げ込まれることもない。本人が「戻りたくない」と叫ぶ限り、答えはこうである「よろしい、休息をしなさい、急ぎはしない」と。神は決して急がれない。

一つの魂の進化はかようにして行われる。やがて納得がいった時、人はしきりに馬具を付けに戻りたくなる。その時の希求は唯一つ、どうしたら早く行けるか。

以前にも触れたことだが、皆さんはどうも次のように考えている。つまり、魂は幽界にあっていろいろ学び、自分を救う道を見出していくものだと。また、幽界は地上とそっくりで、魂はこれとの闘いで伸びていくと。しかしながら、幽界の素材は物質とは全く違っている、きわめて柔軟で、思想によってどうにでも変えられる。また、魂というものは暗い鈍重な物質の中にあって、初めて厳しい教訓が得られるもの。それ故に、魂は「物」の中にあり、初めてその主となる道を学ぶことが出来る、また学ばねばならぬのである。

創造の全目的は霊性の進化にある。故に魂は物質の主とならねばならぬ。魂の中には神の生命が宿っているが故に、魂は鈍重な物質の全き主とならねばならないのである。神は全創造の御業を通じて、物質の中に働き給う。内在の神は進化し成長をつづける。やがて魂がその業をなし終えた時、魂は己をとりまく一切の環境を支配するに至るのである。死後他界に入り、易々と美しい環境の中で、魂が救いへの道を歩むと考えることは易しいことだし、あるいは楽しい事かもしれぬ。しかしそのような事はあり得ないのである。

また更に申し添えておきたいことは、魂が肉を支配する喜びは、何ものにも比べようがないということ。もしこの喜び、物質経験で得られる完成の喜び、この一端でもお知らせ出来るものなら、再生のために戻ってくる魂の機会がどんなものか、どんな喜びであるか、お判り頂けようものを。

多数の皆さんは、人類に役立つ目的で再生をした経験をお持ちだ。それは必ずしも教会に行ったり善行したりということでなく、唯その再生が周辺の人々に喜びと慰めをもたらすということのために。たとえば生まれた家族のために、やがて親となって暮す家族達のために、また同様に多数の友人達のために。人は走りまわり精力を発散することでなく、神の子となることで最高の奉仕をすることが出来る。たとえば、庭の一隅に置かれた花のために、最高の花が開けるようにと、その花に光と温熱を与えてやることで。

第八章　カルマ

古来、秀れた宗教の学徒達は、人生を支配する法の一つに、カルマ（因果の法）があることを認めている。生命はすべて法の支配をうける。もし人が法が不可避であることをしかと心にとめるなら、人生から学ぶところは極めて多くなろう。しかるに、人は自己の誤った行為の結果、罰としてカルマがあるという見解に、素直に同意しようとしないのである。

神は愛である。かように人は教えられている。しかし、自分の愛する者達の苦しみ、また自分の苦しみ、これを否定するわけにはいかぬ。どう仕様もない痛みを、縁者達や友人達が耐え忍んでいるのを見ては、あるいは前途有為の愛すべき者の死を見るに至っては、いかようにも怒り、義憤、苦痛を覚えるのである。神は愛なのかと、しぜんに疑いたくもなる。流血と災禍で引き裂かれた世界を見ては、心底から叫びが出る、「神はいずこにあるのか、何故に神はこのような苦痛や災禍を許し給うのか」と。

皆さん、吾等と共に心を落ち着けて、考えてみよう。神は人の心に、時を分かたず、美と愛を送りつづけておられる。皆さんのうち、時として、言語に絶する喜悦や感謝の念を経験しなかった人は一人もおられまい。このような魂の深い高まりは、心楽しむ休日の日とか、悲しみの暗雲が晴れた後に、訪れるかもしれない。和解の後、愛する者の出現の時かもしれぬ。さればかように申しておこう、人の心に起こる愛念は、実は神からの回答なのである。人が理想を、友を、美を、神を心底から願い求めたことの。人が友をひたすら求めるのは、神を探し求めているのである。すべての自然の背後にあるのは神への希求、それである。

　神は人の心に来て語り給う。しかし人はこれを神の声と認めず、自然現象としてしまう。しかしながら、美しいものの一切、喜びと幸福の思いの一つ一つは、肉体器官を通じての神の表現に外ならぬ。心かよいあった友人との交わりに喜びがあることは、ご承知のとおり。されば、この人の受ける喜びは、人間を超えた或るものが、その友を通じ、また本人の心を通じて表現されつつあるのである。

　心があるから、あからさまに人は神を感じとることはない。人が歩いて行く経験のある地点に至り、人は神を発見するのである。神は心を通じて人に語りかけ給う。人は知る、その時から、人は再び神の愛を疑うことをしない。

自らを神の子と知った者は、再び神の愛を疑うことはないのである。

されば、吾等はついに至高の理解に至る。神は愛である。地上に表現されているもののすべて、神の愛の結果に外ならぬ。

聖母

ここでもう一度、じっくり神の姿を心に描いてみよう。今日ではどうにも、神の母性的側面が無視されている。しかし聖母崇拝は古くよりあったし、人類はすべて母親を大事にしていた。男が子供の母、つまり妻を愛するのは、母性の中に神性の表現を見ようとする内在の声のしからしむるところである。

時には、聖母に思いを致し、完全な母の愛について考えてみられよ。聡明な母は、何が子供のためになるかを心得ており、その務めを怠ることはない。このことを思い浮かべつつ、神のもつ母性の側面に思いを致されよ。温かく愛に満ち、何でも分かってくれる、その事を思ってみなされよ。母は必要があれば折檻をする、しかしそれは深い愛からである。

以上のことが一体カルマの働きと、どんな関係があるのか。いちいちすべてである。この中にすべての真理がこめられている。吾等の言うカルマとは、原因結果の法とは、聖なる愛の所産、処罰を目的とせず、真理を学習させるためのもの、これである。「学習」という言葉はしばしば子供には抵抗がある。そこで吾等はかように申しておこう、カルマは吾等に神を知る機会を提供す

郵便はがき

料金受取人払郵便

鎌倉局
承　認

6170

差出有効期間
2025年6月
30日まで
（切手不要）

248-8790

神奈川県鎌倉市由比ガ浜4-4-11

一般財団法人 山波言太郎総合文化財団

でくのぼう出版

読者カード係

読者アンケート

どうぞお声をお聞かせください（切手不要です）

書　名	お買い求めくださった本のタイトル
購入店	お買い求めくださった書店名
ご感想 ご要望	読後の感想 どうしてこの本を？ どんな本が読みたいですか？ 等々、何でもどうぞ！

ご注文もどうぞ（送料無料で、すぐに発送します） 裏面をご覧ください

ご注文もどうぞ

送料無料、代金後払いで、すぐにお送りします！

書　　名	冊　数

ふりがな	
お名前	
ご住所 （お届け先）	〒 郵便番号もお願いします
電話番号	ご記入がないと発送できません

〈 ご記入いただいた個人情報は厳重に管理し、
ご案内や商品の発送以外の目的で使用することはありません。 〉

今後、新刊などのご案内をお送りしてもいいですか？

はい・いりません

マルしてね！

るものと。人のなめる人生経験の一切は、終局において、人に神の歓喜をもたらすもの。

神とは、人間にとり父であり母である。これが吾等の見解である。生命のすべての現れの中に、形あるものの背後に、常に働いている聖なる力、それと等しく聖智と聖愛が神である。神の子等、神の心臓より発した息吹、神の愛の火花達、彼等が神の知り給う至福を、すなわち神が種子として魂の中に植えられた至福を、発揮する者となってくれるよう、これが神である。

カルマの目的

嬰児には神法の知識もなければ、何の経験もない。人間も初めは子供と同じである。幼児は這い、物を食べ、立ち、歩き、遊ぶことを知り、次に精神の芽生えがあり、人生経験を重ねて大人になる。人間の霊の成長もこれと同じである。父母なる神より生まれて成育が始まり、徐々に成長し、かの大いなる帰還すなわち神との一体化、ここにおいて頂点に達する。

苦しみ、肉体的、精神的、霊的な苦しみ、これを経なければ魂には何の意識の拡大、つまり無知から知への成長も、キリスト神性意識への上昇も起こらない。苦悩を味わって初めて、魂は他者の痛みを知り、病者と傷ついた者に手を差し伸べるに至る。苦しみが理解と愛と啓発をもたらすのである。喜びや幸せと同様、人間は痛みと苦悩によってものを学ぶ。

子供は無邪気ではあるが、初めから内部に善悪の二面をもっている。生活の中で善悪が発揮され、この善悪は天界の秤に、貸方と借方のおもりを加えていく。

この真理がしっかり根をおろすなら、つまり人は自分が播いたものを自分で刈り取る、この事実が目に見えるようになれば、人はもう善なるもの美なるものを踏み付けにしなくなるだろう。また一人も他者を殺す者はいないだろう。カインとアベルの物語はこの事を示す。悪の代表であるカインがアベルを殺して、世に見捨てられた時、その悲しみに身も世もないほど彼は歎いたのであった。しかしながら、激情の爆発も人を殺すということを、知っておいて頂きたい。無思慮の短気な意地悪な言葉も、同じく善なるもの美なるものを殺すものである。このことわりを考えてみれば、自己統制の道がいかによいことであるか、常に神に真向かい、善意を踏みつけにせぬよう努めることが、どんなに秀れた事であるかお分かり頂けよう。内在の神の子は絶えず成長しつづけている。たゆまず善を生み出しつつある。しかるに、カインがこれを滅ぼすとすれば、貸借表の負債の部に項目を記すことになる。

人は過去のカルマを変更することは出来ない。しかし未来を変えることは出来る。そのためには、神法に従って自己統制を加えていけばよろしいのである。皆さん、この知恵をもちなさい。自己を統制せよ、思想を言葉を統制せよ、愛と親切心をもちなされ。万事が次の一事に帰する、つまり、親切であり、同情心をもち、殊更に生あるものすべてに苦悩を与えぬこと。他者に対する無思慮、無知、故意がどんなに有害であるか、この事を知った者は未来を大切にするものである。英知の師達は決して他を害することをせぬ、愛と同情そのものである。また、師達は正義の法を認めていて、すべての生命が終局において、一切生命の源である神光に照らされ、その秤によって正されることを知っている。

行為の一つ一つがカルマとなる。カルマは待っていれば消えるというものではない。その原因をつくってから、数時間後、数日後に結果が現われることがしばしばある。悪いカルマを作っておきながら、そのつぐないの日を無限に延期できると思ってはいけない。誰も神がそのつぐないをさせ給う時を知る者はいないのだから。その証拠は簡単にお見せできる。せかせかうわの空で道を歩いていてごらんなさい、たちまち転んで怪我をする。「ああ、これはカルマのせいかもしれぬ」と人は言う。左様、まさしくその結果である。但し、昔々のカルマのせいではない。カルマあるがゆえに、吾等は人生の行為が慎重であるべきこと、厳正で正しいものであるべきことを教えられる。以上、吾等はカルマが何のためにあるかということをお話しした――つまり、痛みあるがゆえに、吾等は経験と知恵を積むことが出来るということを。

いま夜盗が押し入って物を盗んだとしよう。皆さんはあきらめ顔にこう言うだろう「カルマのせいだ」と。しかし、大事なことは、そのカルマで貴方は何かを学んだかということ。それでなければ、そのカルマは戻って来る、来世、再来世といわず、今生のうちに。つまりこういうことですな、かつて貴方は人の物を盗んで苦痛を与えたことがある、だから、貴方は盗まれることが何であるかを、学ばねばならないのだ。カルマというのは吾等の学習のためにある。それによって吾等はもの事を知る。またそれにかかわる他者もまた学習をする。

ここでちょっと一言、と申すのは「吾々が他者に苦痛を与え、それで他者が学習をするとは、そこに何か大きな意味があるのか」という疑問が出て来よう。左様、法とはつまり、人が貴方に何かをしたら、貴方はそれに何をしてもよろしい、これである。ただ、貴方が他者を害すれば、後日、身に返って来る新しいカルマを作ることになる。人に与えた苦痛と同じものが返ってくるから。法は二様に働いている、その一つの目的は完全な生、神の生を魂に目覚めさせることである。

カルマの解消

「悔い改めればカルマは解消できるのか」と、皆さんは尋ねる。左様、自己の非を認めることで、半ばは達成できよう。しかし傷ついた人はそのままである。自分が傷つけた人に何かをしてあげることは、自然の情ではなかろうか。もし人を傷つけたのなら、心から悔いと申し訳なさで一杯になり、「どうか貴方のために、私に何かさせて下さい」と思う筈である。この愛の言葉の発言、これによって、その者からは愛と平和と慰めの神光がほとばしり出るのである。

するとと、次の疑問が湧いてこよう。病気や身体の故障はカルマが原因で生じたもの、そうだとすれば、心霊治療でそのカルマを解消してやることは、果たして正しいことだろうかと。その答えは、良きサマリア人の物語が手本となる。即ち、良きサマリア人は、常に傷ついた者を癒し助けることに、全力を尽くしたのである。

その場合、病人はいったいどんな役割をもつことになるのか？　彼は身体や魂の苦痛から立ち上がろうとするだろう。これは本人の良いカルマのなせる業であって、彼はこのチャンスを生かそうとするのである。彼が賢ければ、このチャンスを生かし、病気から教訓を学び、心はひたすら神に向け、カルマを超える。この時、悪いカルマが消える。内在のキリスト神性は、このようにすべての人を神へと高めるのである。

皆さんは子供の頃、かように教えられましたな、救いの道はイエスを信じることであると、そうすればイエスが救って下さると。またかようにも教えられましたな、イエスは世を救うために自分を犠牲になされたと、されば、イエス・キリスト、いや、救世主神の子は、人類の魂を救うために此の世に下られたのであると。さてさて、どうやってイエスは人類の魂を救うのであろうかな。それは人間の魂に、愛と、愛に向かう力とを生み出させることによっである。これぞキリストの愛、人類の救世主、いやいや、これぞ人間の心のうちにひそむキリスト神性そのものでありますぞ。この愛はバラの花をもって象徴される。

さて悪いカルマは、愛の欠落と、もう一つ知の欠落、いわゆる無知によってつくられるものである。魂は自分で経験しなければ、愛が何であるか知ることは出来ないのである。つまり、魂は経験を通して、初めて愛と知を握るに至る。されば、白バラは純粋純潔の霊、紅バラは人間の経験の深みを経て、愛の意味を学び知った、人間の魂である。

無知の問題については、いろいろと訳合いがある。人間は利己や貪欲がいけないことを知らぬわけではないのに、とかく我《が》を張って、その結果災いを受ける。しんからの無知と、この内在の声に背き我《が》を張った無知とは違うものである。

罪の告白とその赦免によって、魂は無知と闇から清められ、魂は立ち上がり神に近付くという考え方が、これまでにあった。つまり、魂が突然変化することによって、魂に神性が流入し、それにより奉仕を希求する心が芽生えるという訳である。かつてイエス・キリストは世界の罪、そのカルマを自ら引き受け、この自己犠牲の生涯と死により、人類のカルマを背負う者となったと、こう言われている。ある意味で同様に、豹変する魂は、ある程度自分より低い者達のカルマを引き受けることになる。

しばしば再生する魂が、肉体上の障害や病気をもつ家系に生まれることがある。それは、この魂がそこで果たす役割をもっているからである。魂にはやがてその時が来る。その魂の力量次第で、病気の犠牲になることもあるし、ならないこともある。必ずしも負ける必要はない。魂が自己を強化できれば、病気で苦しむ学習の道を通らなくてもよい。つまり、その魂にはもう学習の結果が分かっているから、遺伝を引き受ける必要はないのである。このように魂には各々、その内部にカルマを除く方法を、自分で決める力がある程度そなわっている。ある子供は幾つもの方法で、カルマをなしくずしにしていくやり方をするかもしれぬ。この場合は、人間の自由意志による選択が作用し、その者の人生航路をつくっていく、そういう場合である。

カルマはスピードアップ出来るのかと、皆さんはお聞きになりたかろう。

左様、大いにあり得る。特に魂の目覚めが起こった場合そうである。かような場合、魂は、天界の神の姿をチラリとのぞいているのである。この時、魂はこう叫ぶ「神のみもとへ近付きたい。一刻も早く、そこへ参上したい」と。その答えはかように届く、「よろしい、吾が子よ。但しその前に、そなたは自身の浄化をうんと積んでおかねばならぬ」と。やがて再生の時が来て、カルマは促進される。その再生の生涯は、よそ目にはある程度、辛く悲しいものに見えるかも知れぬ。しかし、一度神の幻を見た本人にとっては、何ほどのこともないのである。本人は、このカルマによってゴールに到達できることを承知して、そのカルマを負う。それ故、吾等は人を裁くことは出来ない。吾等は他の者の人生航路を、あれこれ批判することをせぬのである。吾等の目から見て、楽な人生航路と見えるものが、本人にとっては、辛い困難な再生受肉であるかもしれぬ。また、人目にはきびしい人生航路に見えても、内心では、喜びと満ち足りた魂の生涯であるかもしれぬ。

ここで、吾等は吾等の教えの核心に至る。人間は地上生活で、十字架上の苦痛を受けることがしばしばある。この十字架上の苦しみを経て、本人の内部には香わしいバラの花が咲き出る。愛、このバラの花こそ、神秘主義者の知るとおり、愛の心の象徴。それはまた磔刑に死んだキリストの心、全人類のため花ひらく犠牲の愛の栄光と驚嘆の象徴。皆さんは世の苦しみを恐怖の目をもって見る。しかし、その彼方にあるものに目を向けようとはせぬ。諸子よ、人類からバラの花の美と、バラの花の咲き出る時を失わせてはならぬ。

もし、神が人類に苦しみなどなしになさるなら、神はまた、その苦しみの結果もなしになさるであろう。つまり、皆さんが努力している目標、皆さんがそれに向かって生きているもの、そのためにこそ人が生まれてきたもの、つまりですな、神性意識に人が到達した時のあの歓喜、これを神はなしになさるであろう。人は十字架とバラとを切り離すわけには参らぬ。

進歩の初期の段階では、バラの花は十字架上に、少しずつ花ひらく。進歩が進めば、十字架がバラの花に吸収される。つまり神性意識が、神性の人がここに完成したのである。それ故にこそ、吾等は皆さんが物に動ぜぬ者となることを望む。あわれみと愛をもちなされ、されど同情をはき違えてはならぬ。悲歎にくれる者に愛と哀れみを向ける時、この苦が明日の歓喜への道であること、内在の神性の輝き出るチャンスであること、これを思いなされ。苦しみは過ぎゆくもの、忘れ去られるもの、されどその結果、魂の内に新たなる意識が芽生えるものである。

愛と幸福の道をたどりつつ、この同じ意識に到達できぬものかと、皆さんは疑問をもった。左様、大いにあり得る。しかし、神は人間に自由意志を与え給うた。人間は我を張る、しかるがゆえに、自分で災いの道を辿るのである。しかし、神は愛であり英知であり給う。されば、この茨の道を辿る吾等を、神は天上の歓喜へと導き給う、嘉《よみ》し給う、救い給う。

吾等が友よ、心に安らぎあれ、神は善であることを知りなされ。

第九章　霊癒

霊性進化の最も重要な問題の一つに、治病の問題がある。治病家を志す人達に、かように申したい。先ず肝要なことは、自分が神聖な生命力の通路となり得ることを自覚すること。第二に、万事が神あっての自己であることを思い、自分が神の子であること、これをしかと心に銘じておくこと。

病気を癒す宇宙光線が存在する。もし人がこれに通じる霊感技術を修得しさえすれば、その者を通じて、治病力は絶えず流れ出るのである。皆さんは誰しも、この磁気的霊的光線の通路となり得るものである。しかるに、無知その他の原因によって、この生命力を遮断している人達がいる。

霊癒家としての皆さんの仕事は、現代医療組織の補充者、協調者、もし許されればそれとの協同者である。世の中にはいろいろのタイプの人がいるのであって、Aはあるタイプの治療に適し、Bは全く違ったタイプの治療に適している。従って物質的な方法、場合によっては手術によってさえも、容易に迅速に処置できそうなある種の疾患に、多大の時間や精力や手間ひまをかけたりするのは、賢明とは申せぬ。しかしまた同時に、一切の治病の根本は霊的なものにある。従って将来は、霊癒が承認され、治病の中心としてこれが地上に確立される日が、やがて来るであろう。しかし、人間が自分の身体を統御するのであるから、その前に、人間の霊的な進歩が必要とされるのである。

根源において、一切の病気は霊的な光の不足が原因で、身体に生じるものである。換言してこれを申せば、病気とは気楽さの不足、調和の不足と申すべきか。また、人間はのべつ幕なしに不安と不調和のために立ち働いていると、こう申しておこうか。調和と健康は、その生活が内在の神性によって導かれ調整される時、存在するものである。

霊癒は厳密に科学的なものである。霊癒とは、不調和な状態の肉体原子に調和を与えることである。霊癒は心臓チャクラから響いてくる統制の声である。この力は主として治病家を通じて働くものだが、また、病者を通じても働くものである。愛、それは不調和な肉体原子に調和をもたらす統制の声である。肉体原子は、これにより、神愛の法に服するものとなる。これが治病の秘義である。また病者が、治病家のように愛中枢と結ばれれば、たちどころに病気は治癒する。それは、病者の魂や肉体が必要とする当該宇宙光線を、無意識のうちに選びとる、このためである。

イエスはこの神力の偉大な行使者であった。イエスは病名など意に介さなかった。彼は常に霊的な原因に直行した。イエスの癒し方は、魂に覚醒の光を注ぎ込むというやり方であった。「ラザロよ、出て来い」とイエスは叫んだ。ラザロは屍衣のまま出て来た。この意味がお分かりかな。ラザロは此の世のしきたりどおり屍衣にくるまれた一個の死者であった。「ラザロよ、起きよ」主の声に呼びさまされ、ラザロは死者からよみがえった。これが真実の治病家のなすところである。

なお皆さんは、魂の中にはカルマの集積があることにも、思いを致されねばならぬ。多くの場合、病因は魂の内部に深く根ざしている。それは過去生からのものが、幽体の中に刻み込まれているわけである。幽体というものは、ご承知のとおり、過去の行為によって築かれるものである。幽体の中に刻みつけられている過去のカルマは、病気の形で現れることがあるし、また、生活の境遇の形で現れることもある。カルマの法に狂いはない。それは公正、完ぺき、真実である。皆さんはカルマを変更したりしてあげることは出来ない。しかし病者に手を貸して、このカルマを解消してあげることは出来る。もし病者が手助けを受けて、神光の流入を十二分に受け取るなら、病者は自然治癒力を発現することになる。この場合は、病者はその病気で学習をする代りに、カルマの解消という方法で学習をしたことになるのである。

カルマの目的は学習にある。カルマの目的は、個々の魂に学習の機会を与えること、知恵を獲得させ、霊性を進化させせるにある。傲慢な魂は(これはまことに困り者だが)、知っているくせに信じようとしない魂は、おきまりのコースを辿り、病気で泣くことになる。しかるに、この災いの道を進んで選びとる魂達がいる、その選択は潜在意識でするのではあるが。

で、ここで一言つけ加えておかねばならない。よろしいか、決して無理に人に霊癒を施してはなりませぬ。人は、自分の意志ですすんで霊癒をうける心情にならねばならない。この病者の求める心持が、霊光を呼び寄せるのである。苦痛があるということは、霊光の方へ病者が導かれるということである。

心霊治療の場合、肉体に余りとらわれてはいけないと吾等が申すのは、この事である。痛み、苦痛、これは症状である。心霊治療家は、魂と、また病者のオーラにかかわりをもっているのである。治病家がある種の磁力ないし「動物磁気」をもっており、病者に一時的な手助けを与えることは事実であるが、それだけでは十分とは申せない。霊癒の場合、治病家は魂を癒しつつあるのである。この魂の健全化が、やがて肉体に反映することになるのである。

霊癒は霊的世界で行われるのであって、霊癒力は神界の神的生命から流れ出る。治病家の浄化の程度に応じて、この生命力は治病家の媒体――精神体と活力体――から流出し、その手と全オーラを通じて放出される。山清水にはきれいな通路が必要なように、治病力の流れにも治病家のきれいなオーラが必要である。手を当てることによってだけでなく、神霊との接触によって流れ出るのである。この時、神霊力が流れ出て、治病家の精神の動き方次第で、その霊力は集中されたり、強められたりする。この故に、不在治療もその運用さえよろしければ、手を触れる治療と同様に効果が発揮できるのである。

目に見えぬ光線の中には、ある種の性質が、色が、波動が、また香りまでが存在しており、治病家はこれを引き出して病者に注ぎ込むのである。病気になるということは、何か欠けたものがあるということ、ないしは、病者の魂、霊的なものに不調和があるということである。治病家としての皆さんは、天使達と協同しながら、病者の魂に欠けたものを供給したり、調和と健全さを回復させたりする仕事をしているのである。皆さんはこの純なる霊力の支配人である。従って、昔の僧侶、神官達と同様な努力をなさねばならないのである。人間として、また、霊力の通路として、純潔なる生活、思想、行為を守り、正しい行状に努めねばならぬのである。

全力をつくして、自身の健康を保持しなされ。決して何事においても過労はよろしくない。純潔で健全な生活のルールに従いなされ。内心の調和を守って生きること。純にして健全な地の産物によって生きなされ。意念をこめて神霊の気を吸収しなさい。肉体をいたわり、肉体のためによろしくないことは何事にもよらずせぬがよい。喫煙で肉体をいためることのないよう。肉体を休ませ、浄化し、汚れのない食物をもって養い、高い世界の浄い波動に同調させるようにしなされ。一切の治病の基本は、治病家の側で大自然と心霊力に自身を同調させることにある。

疲れて気持が落ちこんだ思いの時には、自分に充電することを忘れてはならない。充電のための一つの良い方法は、冷水に手を突込むこと。もう一つの方法は、母なる大地に手を置くことである。また他の方法としては、木立の間に入ることである。大木に背をあてて立ちなさい。木と一緒に呼吸をして、生命の気を吸引しなさい。その時、生命力が再び貴方の中に流入することに、一驚するであろう。疲れて心が滅入る時には、自然に触れることですな。どうしても仕事をする気力が湧かない、落ち込んだ気持の時には、そうしなさい。そのうちには、疲れることのない、自らを充たす方法が分かるようになるであろう。

治病家にとって、病者にとって、心身をリラックスすることが大切である。但し、高級我の統制下でのリラックスであるが。肉体をすっかり安らいだ状態にされよ、心も和らいだ状態に置かれよ。そうして肉体・幽体・精神体と貫流させながら、神光のオーラを天上体にまで充満させなされ。リラックスすることを知る者は少ない。彼等はどう仕様もなくくたびれ果てて、顔はひきつったまま、リラックスも心の安らぎもなしに、天界に心身を委ねることもせず、さまよっている。

皆さんが治病力の純粋な通路たらんと努力するにつれて、皆さんは一層敏感になっていくだろう。されば吾等は皆さんに、自分のオーラを守る方法をお伝えしておかねばならぬ。皆さんは有害邪悪なものの影響を受け取ったり、また一種の「拾い屋さん」だとお考えなされ。されば天使が翼を折りたたむように、皆さんも身の周りのオーラを折りたたみ身を守りなされ。これは精神的にするのですぞ。また、深呼吸を数回するのもその助けになろう。神光を吸引して、右手を上に左手を下にして両手を重ね、太陽神経叢の上に置き、じっと明るく肯定的な気持を持ちつづけなさい。

左手は受け取る手、右手は与える方の手である。治病力の流入を求めて、左手を祈りの形に立てておけば、治病力が左手に流入して来る。それは磁石のようなもの——脈動する生命力は左手に流入し、身体を貫流して右手に至り、次いで患者に入る。

治病家はやさしくやさしく手を触れること。このやさしい軽い接触こそ、肝心かなめの事である。光線は指先からと、一部は手のひらからもほとばしり出る。治病家は自分の手の上に、もう一つの手があることに思いを致さねばならぬ。その手は通路ではなく、支配者である。

患者の感情に巻き込まれるようなことがあってはなりません。地上では、医療家は同情深く、親切なものかもしれぬが、もし賢明なら、決して病者の感情に巻き込まれることはないだろう。感情はこれすべて、霊的作業の統制下におくようにせねばならない。感情の不統制があると、良い仕事、良いグループとの連繋が破られてしまうのである。吾等は常に不統制な人間感情の弱点を克服するよう、申し伝えるものである。やる気さえあればこれをはばむ何者も存在しない。賢者は堅実で親切ですべてのものに愛をもち、しかも愛と英知である神の大御心の中に直行する。

思想の力

思想は健康を生み出す、思想は人を癒すことが出来る。また、思想は苦痛と病気をつくり、肉体と精神と魂を打ち砕き駄目にもする。科学は思想の力について、ほんの片鱗が判っているにすぎない。怒りとか、恐怖や憎しみの思想は災いの源、戦争の根源となる。また、思想は美と調和と同胞愛、そのほか人間が希求する一切のものをつくり出す。吾等は力の限り創造的な思想の力を尽くして働く。吾等は一切の破壊的な思想をもたないようにする。吾等は人に助言を与え、助力する時は、常に建設的で、善のほか何ものも見ないようにと心がける。お人好しの楽天家と言われようと、これが吾等のやり方である。善のみを見つめ、前向きの思想で善を創り出す、これあって初めて希求するもの善なるものが創り出せる、このことを吾等は承知しているのである。厭世観とか悲観や死という表現を使って、吾等は物事を見たり考えたりすることをせぬ。すべてこれ生命、すべてが花開きつつあり、一切がたゆまぬ進歩、万事が善であり、一切これ神である。それゆえに、治病家たらんとする者は、建設的な考えで一路、道を進まねばならぬ。

患者が死ぬかもしれないなどと決して申してはならぬ。死など、左様なものを一切認めてはならぬ。唯、創造を、たえず変化し開花していく生命をのみ見よ。死は存在しない。「生命あるところ、希望あり」このことを信じなされ。善のほか何ものも予期してはならぬ。真実の治病家の仕事は、自信を与えること、恐怖、疑惑そのようなものではない。神法に病者が調和するように、常に助力を与えなされ。病者は明るく神聖なる（即ち健康な）生命観をもつよう手助けを受けねばならぬ。正しい思想とは全存在にみなぎる神の思想である。これをおいて真理はない。もし皆さんがこれを思い、吾等が言葉を沈思されるなら、吾等が意中を汲みとって頂けよう。正しい思想とは神の思想、これぞ愛と純潔と聖と親切の調和溢れるもの。寛容と寛大の権化。正しい思想とは、すべての事を貫く神的生命観、これである。

霊癒は真心からの熱誠の力の成果である。その熱誠の思いが神霊に向けられる時、神霊の光が肉体にとどき、その偉大な力をもって、病的不秩序は一変されるのである。肉体が闇に閉ざされていても、光明に転換され、光明が肉体に満ち溢れ、光が肉体を統御し、光が肉体原子を支配するに至る。この転換は奇蹟と申すべきもの。しかるに世の男や女はこのことを理解し得ず、またその効果をはかる由もない。吾等が、思想には霊癒の力があると申すのは、神聖なる力のこと、つまり清浄にして熱誠の心から発する思想をさして申しておる。神にピタリと照準が合わされた心から発する思想は、消極を積極に、闇を光に一変させることが出来る。

イエス・キリストはこう申した、「私と父とは一つ」「私の語る言葉は私の言葉ではない。私の内なるわが父が語り給う」と。治病家はすべてこの言葉の真理を知らねばならぬ。病者もまたこの永遠の真理を分かろうとせねばならぬ。何となれば、皆さんが神霊とつながるや否や、たとえそれが一瞬であっても、皆さんの内在の神力は火花を発し、発動する。かように申してよかろう。もはや地上の限界などは消え、皆さんは高い意識の天界へと飛翔し入り、そこで再び生命である神力によって、満たされる者となる。有限の地上の心をもって、もの事をはかってはならぬ。

治病の天使

今日地上では、治病の天使の存在を知っている者は稀である。しかし時代が進めば、多数の人々がその存在を感じるだけでなく、目に見ることになろう。その求めに応じて、波動のもち方に応じて、治病に奉仕するために、太陽光のさまざまな色彩の衣装をまとった天使達が出現するのである。太陽光には沢山の分光が満ち溢れていることは、御承知であろう。これら美麗な色彩に包まれた、治病の天使達の姿を心に描いてみられよ。闇・醜、そのようなものは一切ない。それは全身光であり、純粋無垢である。天使達は、治癒力を求めている病者に接触するには、媒体が必要である。天使達は、そのような媒体となってくれる治病家に近付く。この治病光線は、個人の肉体の治療に使われるだけでなく、心の治病にも、また人類を圧迫している暗い物質的な状態の改善にも使われる。

純粋なホワイト・マジック（善神善霊を使う魔法）の光線が、イエスの心からは絶えず流出していた。人はすべてこの同じ光線を、また、キリスト神霊の心から自己の心の中へと、受け取ることが出来る。もし、その者の心が純潔で喜びで満ちていれば、この光線は全世界に向かって光を発し、治癒を投げかけることが出来る。

無私の心から発動する心霊治療は、偉大な事業である。治病家は自己のためなど思っていない。もし思うとすれば、治病はなされ得まい。治病家は、ひたすら他者のための善をのみ思っている。痛みや苦痛の軽減をのみ心にかけている。暗うつな状態を、もっと明るい良いものに変えたいと、かように願っておる。

さて、ここで申し述べたいことは、もし皆さんが霊性の進化、霊的開眼を希求するなら、病人の治病に献身されること。ナザレのイエスの口を使って、キリスト神霊は話しなされた「わが小羊たちを飼え」と。病んだ人の魂を飼いなされ、霊的奉仕、霊癒をもって。その時、人は無私の奉仕をなしつつあるのである。今日のためのみならず、来たるべき時代のためにも。人はその時、地上の全人類のため、より良い世界を創るために、神の助手をつとめつつあるのである。

皆さん、奉仕の道につきなされ、真正の善、生命のおのずからなる喜悦、この道に従いなされ。時いたれば、そなた達の敬愛する主イエス・キリスト――そのように、神の完全な息子達となりなされ。

訳者あとがき

作家の遠藤周作氏が、次のような意味のことを何かに書いていました、「死後の世界があるのだろうか。あるとすれば死は恐くない。此頃そういう事を考える。それは年齢のせいだろうか」と。遠藤さん、死は恐いものではありません。死は新しい生への誕生です。自然麻酔の状況で死ぬので、痛くも痒くも苦しくもありません。他界は普通人にとってはハワイやグアム島へ行くようなものです。現界より一層美しい自由な世界への旅立ちです。もし恐いものがあるとすれば、地上でそれまで悔いのない生き方をしてきたか？　この事だけです。

人間の生命が永遠であることを知っている者にとって、死は右のようなものです。此の世で恐ろしいものは唯一つ、この七十年の人生に悔いはなかったか、これです。

ホワイト・イーグル霊は、右の、つまり人間の生命は不滅である事実の上に立って、この事実をよく知っている心霊学徒達に対して、この一度きりの七十〜八十年の人生をどう生きたらよいのか、その法を説くために、霊能者グレース・クック女史の口を通じて、語りかけています。これはつまり、高級霊ホワイト・イーグルからの霊界通信です。

ホワイト・イーグルとはインデアン名ですね。その通りです。彼はかつてインデアンとして生きたこともあるし、また、イエスの使徒・聖ヨハネとして生存したこともある、幾多の前生を生き抜いてきた古代霊です。

ホワイト・イーグル霊は白色同胞団に所属しています。この霊団は地球人類の進化を指導するために、太古より活動をつづけている高級霊の集団と考えられています。

通信の中に、「キリスト」という言葉がしばしば出ますが、これは二〇〇〇年前に地上に生存した人間イエスのことでなく、神霊の意味です。それも吾々地球人にとっては、一個の宇宙にあたる太陽系、その太陽系の主宰神のことであるようです。イーグル霊はこの太陽神が人間の霊の源、すなわち人間はこの神霊の子としているようです。太陽神もその源をたぐれば宇宙神に至りますから、ひっきょう人間はこの宇宙神の子とも言えます。

イエスに感応して語ったのは、ホワイト・イーグル霊によると、この太陽神・キリスト神霊、ということです。またキリスト神霊は、何もイエスの専売特許ではありません。人間内在の神性・つまり不滅の霊、これはキリスト神霊です。ホワイト・イーグル霊界通信の主目的は、人間各自が、この内在のキリスト、つまり神性を外に発揮すること、これです。この神性発揮することを「霊性進化」と呼びます。ホワイト・イーグルはこの霊性進化の道を伝えるために、今、いいえ古代から活躍して、現在に至っているのです。

では、何のために、人はいったい、霊性の進化をせねばならぬのでしょうか。その回答は、貴方の幸福のため、人類の平和のため、地球進化のため、この一事です。

その事についてＴは、本書一巻をお読み頂ければ、その余のことは不要なのですが、あえて私の駄言を添えておきます。

近時、心霊関係書が小さなブームを呼び、マスコミでも心霊問題がとり上げられ、心霊はいま、かつてない世人の関心をひいていると言っても、過言ではありません。それは吾々心霊研究者にとって、嬉しい事であると同時に、また甚だ心配な事でもあります。

何故？　人間とは霊魂であって、死後も生命は存続する事実を知ることは、遠藤周作氏のみならず、すべての人にとって、恐れなく死を迎え、いさぎよい人生を生きるための、基本の一大事であります。しかしながら、この心霊ブームに便乗して、心霊を売りもの食いものにしてはびこる手合いが増えることは、逆に誤った人生に人を迷い込ませる痛恨事なのです。何故？　それは、このような手合いは、霊魂を口にすることによって、ホワイト・イーグルの悲願とする「霊性進化」に逆行する、人間の利己・退化をはびこらせることになるからです。

心霊ブームと共に、霊媒参り、霊術者崇拝が起こっています。病気や失敗、難儀があると、神秘な力による解決を求めて相談に行きます。中には世人救済を目的とした霊媒や霊師がいることは否定しません。しかし少なからざる数の者は、金銭的利益や売名をのみ目的として、詐術まがいか、せいぜいひいき目に見ても、一時的な治病やその場かぎりの解決策を示すにすぎないのです。つまり、彼等はその難事を通じて、霊性の進化すなわち本人の魂の浄化進歩を一向に顧慮しないため、相談者は困った時の神頼み式に、難事を自力で解決しようとせぬ、他力依存者をつくり出す結果になるのです。難事はすべて霊性進化・魂の浄化のステップです。霊媒ブームの半ばはその逆行、人類の退化の落し穴です。

超能力ブームというのが起こっています。ちょっとした秘けつ、術、修行によって、たちまち誰でも超能力者になるという手合いです。そうです、誰でも自分の使命の道では、何らかの超能力を発揮することは可能です。但し、それは霊性進化つまり魂の浄化と併行して行われた場合です。巷間の超能力ブームは、この霊性進化を無視した、いわゆる霊能力の発揮です。それがなぜ危険かというと、この好奇心、売名心、あるいは利得心に呼応して邪霊が感応するからです。超能力すなわち霊能の背後には必ず霊魂が作用します。霊性進化を無視した超能力行為は邪霊の格好の活躍場です。危険きわまりない人類堕落の落し穴です。

さて、いま心霊ブームは人間の安心と幸福と平和への基石だと最初に申しました。次に二つの事例をあげて、心霊ブームはまた、人類の退化と堕落の落し穴だと申しました。いったい、心霊ブームとは何なのか？　それは今人類が、核・公害・生態系破壊などで危機に陥りながら、他方それらを克服する新文明・英知へ転換できるか、その選択の場に立たされている、その全く同じ事が心霊ブームの形でも現出されているということです。吾々は、心霊ブームを通して、ホワイト・イーグルの教える霊性進化の道を選ぶか、それとも単なる好奇心や利得や売名や他力依存やらの、人類退化そして滅亡への道を選択するか、その岐路にいるということです。

遠藤周作氏はクリスチャンで、『イエスの生涯』という名著を書いた程の人ですが、この遠藤氏にして、なお死に不安があるとか、死後の世界はあるのだろうかと疑問をもっておられるということは、いったいどういう事ですか。つまりキリスト教では、人間に一番肝心なことの一つを教えていないという事ですね。キリスト教には秀れた点が多々あります。しかしこの一事に関しては駄目ですね。キリスト教に限らず仏教においてもそうですが、もう一つ大事なことで、あやふやな点があります。それは、これら大宗教は高尚な精神、悟りとか愛とかを標榜し、自らを高しとすることによって、現実の生活問題の解決にはあまりかかわらないということです。そのため現実面の指導原理は、宗教の原理とは裏腹の唯物主義原理がまかり通り、それでは救い得ない間隙を突いて、現世利益的ご利益宗教や、インチキ霊媒や霊術師の類が横行するのです。

さて、ホワイト・イーグルの説く霊性進化とは、治病の原理であるだけでなく、現実の生活すべてに調和と繁栄をもたらす原理でもあるのです。それはその訳です。人間は本来霊であり、霊は神の分神であり、この神は宇宙を統御する法なのですから、霊性つまり神性を発揮する時、人間はこの法そのものと一つになるわけです。法は一つであり、顕幽両面、即ち精神の面と現実生活の面にわたって統御しています。もし近い将来、人間が現代の危機を克服して新文明が生まれるなら、政治・経済・教育の原理はこの神法に一致するものになるでしょう。このときのためにホワイト・イーグルは霊性進化を教えます。その教えは、例えば呼吸の仕方や、日常生活の姿勢のとり方まで、きわめて現実的・具体的なものにまで及んでいます。

しかし、霊性進化の基本は魂の浄化にあること、本書をお読みになれば納得がいくでしょう。ホワイト・イーグルが教えるその道は、一つには神に対する熱誠、他は他者に対する奉仕、この二つであることとお分かり頂けるでしょう。そしてこの事は基本において一つなのです。人間は神子であり、人類はすべて同じ神の子の兄弟なのですから、子等同士の愛、それは親が最も好む行為ですから、即ち親への愛と一致します。霊性進化とは、人間が神子兄弟であるという、人間自身にかかわる真理を知ること、その事を現実に実践することに帰します。

ホワイト・イーグルは「再生」の法を重視します。それは、人間が神子兄弟であることを知ること、つまり内在の神性を自覚顕現するには、鈍重不自由な物質世界での生活が不可欠だからです。現実生活は天然の宝石を切り出すノミであり、その粗面を磨くヤスリです。再生とカルマの法によって、人間は「苦」と感じられる現界生活を通じて、至楽への霊性進化の道を歩く、神々です、一粒ずつの神性です。

皆さんは本書をお読みになって、まさしく、霊性進化は、個人の精神と現実生活両面での、至福の道と受け取られたでしょうか。そのとおりですが、もう一つ肝心なことに心して注目して下さい。それは、貴方の霊性進化は、また人類平和の唯一の通路であるということです。一個の魂の浄化が、何故に人類全体の広大な問題と一致するのか。そして、何故に人類平和の道はその外にないのか？

一般に平和の問題は、政治や経済や外交の問題と解されています。そしてこれらは、霊性進化とは別次元の、現実的、また非個人的社会的な問題と考えられます。果たしてそうでしょうか。かりに、霊性進化を怠った者ばかりが全人類を覆っていると考えてみて下さい。この邪悪な群に、どのような政治どのような経済政策、どのような巧妙な外交手段をもってしても、結局平和は無効です。またかりに、全人類が霊性進化に努める善良な者ばかりと想像して下さい。そこに多少の行き違いや利害の差があったとしても、互助協同の努力が払われて、結果的には平和が実現します。これは単なる仮定ではなく、原理です。つまり平和とは、この原理の上にしか成り立たないという、平和の法です。この法とは人間の霊性進化です。

そして、人類多数のこの霊性進化は、個人からしか始まらない、ということに思いを致して下さい。どんな強制、誘導、叱咤によっても霊性進化は、ただ個人の決意にかかっています。そして次の一事は、個人に霊性進化の決意を生み出させるものは、「人」これ以外にありません。一人の人の他者への愛と熱意が、初めて他の一人に霊性進化への心の発動を起こさせます。霊性進化とは、自己内在の神性への愛の芽生えです。この芽生えを一人の人の胸中に起こさせる者は、同じくこの神性に愛を強く感じている一人です。この者は自己内在の神性への愛と同じく、他者に内在する、その同じ神性へ強い愛を感じます。これが「愛」であり、この愛により他者に呼びかけます。こうしてその他者に内在神性への愛を呼び起こし、その者をして霊性進化の徒と変らせます。

人を変えるものは、人の外にありません。そして世界を変革するものも、この「人」の外にありません。何となれば「人」は神性であり、神は宇宙の法であり、宇宙を動かす者だからです。貴方が、世界を変革し、新時代を創る、唯一つの出口です。この真理を世の多くの人が知る時、現在の唯物的な政治や経済や外交や文化の原理は変更され、その制度や仕組みは考え直されるでしょう。その時が新時代です。新しい文明の時代です。

ホワイト・イーグルの伝える霊性進化の道とは、単に一人の安心立命の道、一人の現実生活の幸福にとどまらず、人類の至福と平和の法であること、そこまで目を向けて頂きたいと存じます。でなくして、どうして、ホワイト・イーグル霊は、いや、白色同胞団は、太古より人類の教化指導に骨身を削る思いで努力を捧げてこられたでしょうか。そこに神命によって進められている、白色同胞団の「人類進化」の役割があるようです。

桑原《くわはら》 啓善《ひろよし》

（ペンネーム　山波言太郎）（1921 ～ 2013）

詩人、心霊研究家。慶應義塾大学経済学部卒、同旧制大学院で経済史専攻。不可知論者であった学生時代に、心霊研究の迷信を叩こうとして心霊研究に入り、逆にその正しさを知ってスピリチュアリストになる。浅野和三郎氏が創立した「心霊科学研究会」、その後継者脇長生氏の門で心霊研究 30 年。

1943 年学徒出陣で海軍に入り、特攻基地で戦争体験。1982 ～ 84 年一人の平和運動（全国各地で自作詩朗読と講演）。1985 年「生命の樹」を創立してネオ・スピリチュアリズムを唱導し、でくのぼう革命を遂行。地球の恒久平和活動に入る。1998 年「リラ自然音楽研究所」設立。すべての活動を集約し 2012 年「山波言太郎総合文化財団」設立。

訳書『シルバー・バーチ霊言集』『霊の書』（上）（中）（下）『続・霊訓』『近代スピリチュアリズム百年史』他。著書『人は永遠の生命』『宮沢賢治の霊の世界』『音楽進化論』『人類の最大犯罪は戦争』『日本の言霊が地球を救う』他。詩集『水晶宮』『同年の兵士達へ』『一九九九年のために』『アオミサスロキシン』他。

でくのぼう出版
〈ワンネス・ブックシリーズ〉全6巻　桑原啓善

1
人は永遠の生命
本当の幸せって、何？
新装版
桑原啓善　著
死と死後の世界、霊魂の働きがいかに人間の運命と深くかかわっているかを優しく解説したネオ・スピリチュアリズム入門。神を求める人、人生を生きぬく道を模索する人に最適。　●1200円+税　240頁

2
神の発見
桑原啓善　著
宗教から科学の時代に移った。だが、科学は物質の中から物神を創り出した。本当の神は貴方の中にいる。大自然界の中に在る。本当の神の発見。
●1143円+税　346頁

3
人は神
新装版
桑原啓善　著
人は肉体の衣を着けた神である。この一事を知るために人は地上に生まれた。ネオ・スピリチュアリズムの神髄を語る講話集。
●1200円+税　288頁

4
ホワイト・イーグル
天使と妖精
新装版
グレース・クック
桑原啓善　訳
宇宙は人間ひとりのためにつくられてはいない。見えない世界の天使や妖精、これらが我々とワンネスになって生命を構築している真実にそろそろ我々の目を向けよう。　●1200円+税　224頁

5
ワードの
「死後の世界」
新装版
J・S・M・ワード　原著
桑原啓善　編著
地獄（死後の世界）を伝えるめずらしい霊界通信。実在する人物が地獄のどん底まで落ちて這い上がった記録。もう一つの人生の指針。
●1200円+税　232頁

6
ホワイト・イーグル
自己を癒す道
新装版
桑原啓善　訳
身体と魂を癒す神の処方箋。病気は心因に端を発し、その最奥には霊的な始原因がある。永年にわたって版を重ねてきた癒しの名著。
●1200円+税　248頁　●関連CD発売中〈朗読・桑原啓善〉

でくのぼう出版

桑原啓善〈ネオ・スピリチュアリズム〉関連書

シルバー・バーチ霊言集
A・W オースティン 編　桑原啓善 訳

神の計画、明日の世界、神法について、信条と真理、他界の生活、再生、死の諸問題等、バーチの霊界通信の神髄が1冊にまとめられた、21世紀のバイブル。●関連CD発売中〈朗読・桑原啓善〉●1400円+税　256頁

霊の書　大いなる世界に　上・中・下（全3巻）
アラン・カーデック 編　桑原啓善 訳

フランスの科学者カーデックが友人の娘を霊媒として受信した霊示。出版以来その発行部数は数知れない。バーチ霊言等と並び称される人間の書・人生の書である。●各1200円+税　上・下巻240頁／中巻272頁

人類の秘庫を開く　ホワイト・イーグル霊言集
桑原啓善 訳

イギリスの霊能者グレース・クックが、ホワイト・イーグル霊から受信した霊示の最初の三部作 "Morning Light" "Sunrise" "Golden Harvest" の訳。愛と調和の新時代を迎えるための啓示。●1200円+税　256頁

ホワイト・イーグル　神への帰還
桑原啓善 訳

あなたの人生を、光に変える、英知のことば。人類を新しい時代へ導く〈霊師〉ホワイト・イーグル。50年にわたるメッセージの真髄を心霊研究の第一人者であり詩人でもある桑原啓善の名訳で贈る。●1200円+税　144頁

近代スピリチュアリズム百年史　その歴史と思想のテキスト
アーネスト・トンプソン 著　桑原啓善 訳

日本のスピリチュアリズム研究を拓いた基本のテキスト。本書は後篇に「スピリチュアリズム思想の歴史」を収録し、出版された2冊の本を1冊にした。●1500円+税　288頁

シルバー・バーチに聞く
桑原啓善 編著

シルバー・バーチの珠玉の言葉を選りぬき、バーチ研究40年の編者がこれに注釈を付し、バーチと一体となり宇宙と人生の深奥に迫る。「21世紀のバイブル」シルバー・バーチがこれで解る。●971円+税　160頁

ステイントン・モーゼス　続・霊訓
桑原啓善 訳

今、この時代のために――。キリストの再臨を伝えるインペレーター霊団（49名）のメッセージ。自動書記通信の一部と霊言による霊示、およびモーゼス個人の論説をも加える。●1500円+税　240頁

愛で世界が変わる　〈ネオ・スピリチュアリズム講話〉
桑原啓善 著

人類の三大迷信①「幸福は物質から得られる」、②「安全は武器で守られる」、③「神は外にいる」――この三大迷信が、人類の政治、経済、教育、宗教の文明を作り、今、地球を破滅に導きつつある。貴方の愛から世界が変わる。●1500円+税　244頁

ジュリアの音信（新書版）※通販のみ
桑原啓善 抄訳

W・T・ステッド著。有名な霊界通信。死後間もないジュリアが、死の直後や死後の世界の様子を語る。そして愛こそ至高の力であることを熱く訴える。死に不安を持つ人に贈って喜ばれる珠玉の書。●767円+税　136頁

ジュリアの音信　人は死なない（絵本版）
山波言太郎 作

青木香・青木加実絵。不朽の霊界通信「ジュリアの音信」が美しい絵本になりました。原作本は新書版『ジュリアの音信』。●CD発売中〈朗読・山波言太郎〉●1400円+税　96頁

●全国の書店でお求めいただけます〈発行　でくのぼう出版／発売　星雲社〉●通販はでくのぼう出版まで。送料実費ですぐにお送りします。
☎0467(25)7707　ホームページ https://yamanami-zaidan.jp/dekunobou　●価格は税別の本体価格です。

霊性進化の道
ホワイト・イーグルの霊示
一九八六年　九月　五日　初版 発行（潮文社）
二〇二〇年　七月　一一日　新装版　第一刷 発行
グレース・クック
訳　者　桑原 啓善
装　幀　桑原 香菜子
発行者　山波言太郎総合文化財団
発行所　でくのぼう出版
神奈川県鎌倉市由比ガ浜 四―四―一一
ＴＥＬ　〇四六七―二五―七七〇七
ホームページ　https://yamanami-zaidan.jp/dekunobou
発売元　株式会社 星雲社（共同出版社・流通責任出版社）
東京都文京区水道 一―三―三〇
ＴＥＬ　〇三―三八六八―三二七五
印刷所　株式会社 シナノ パブリッシング プレス
©1986 Kuwahara, Hiroyoshi　Printed in Japan.
ISBN978-4-434-27597-5